方言キャラ

読み解き！

田中ゆかり

研究社

目次

第１章

「そだねー」と記憶に残る「方言キャラ」

2018年平昌五輪カーリング女子表彰式　銅メダルを手に笑顔の日本チーム
左から、藤澤五月、吉田知那美、鈴木夕湖、吉田夕梨花、本橋麻里
（YUTAKA/アフロスポーツ）

「そだねー」ブームと方言萌えの時代

二〇一八年に開催された平昌《ピョンチャン》冬季五輪における女子カーリングの日本代表チーム（ロコ・ソラーレ）が試合中に互いに掛け合う「北海道方言」の「そだねー」が、世代や性別さらには地域やメディアを問わず「かわいい！」「いやされる！」と評判になり★1、同年の「ユーキャン 新語・流行語大賞」年間大賞を受賞した★2ことを覚えていますか？

「そだねー」は、冬季五輪の会期中からTwitter上でもトレンド入りし、大会後は商標登録の申請合戦まで勃発する事態を引き起こしました（申請した複数の法人と個人に対しては、二〇一八年一一月に特許庁から「流行語として広く商品や広告に利用されている」として、事実上の却下通知がなされています★3）。

「方言女子」に「萌える」ことがもはや都会の若年層に限られた事象ではないことを示すこのエピソードは、現代が方言にさまざまな価値を見出す「方言プレスティージの時代」であることをよく表しています。同時に、それだけではなく、そこで話題となる「方言」が、その由来であるリソースはともかく、リアルな「場」から切り出され、アイコン化した仮想の方言である、というのも、非常にこんにち的です。また、その切り出された「方言」が商標申請される、という現象はそれに経済的価値が見出されていることの証左であり、これもまた今の空気をよく映すものと言えるでしょう。

★1 田中ゆかり「「そだねー」方言萌えの時代」（二〇一八年五月二五日・読売新聞「論点」）

★2 「現代用語の基礎知識」選「ユーキャン 新語・流行語大賞」第三五回 二〇一八年授賞語 https://www.jiyu.co.jp/singo/index.php?eid=00035

★3 「「そだねー」商標認めず 北海道の3法人に、特許庁」（二〇一九年三月一四日・日本経済新聞電子版）

本書は、この「方言プレスティージの時代」を彩る多様な創作物――小説、演劇、話芸、ドラマや映画、マンガやアニメやゲームなどなど――に登場する方言を話す登場人物（方言キャラ）を例としながら、近過去から現代に至る日本語社会を読み解いていこう！　とするものです。

ん？　じゃあ、冒頭の「そだねー」は、現実由来であって、創作物に現れる「方言」ではないのでは？　その通りです。

しかし、創作物に現れる「方言」も現実由来の「そだねー」も、「仮想の方言（ヴァーチャル方言）」であるところが、共通しています。つまり、どちらもが、現実の日本語社会で用いられている生活の中の素のことばであるリアルな方言を資源としているということ、しかしながらリアル方言がそのまま用いられているわけではないこと、すなわちリアル方言に対して何らかの編集・加工が施されたものであるということが、両者の共通点です。一方で、リアル方言に施される編集・加工の程度や、その編集・加工がどの程度意図的なものなのか、という「程度差」が認められる、というところが両者の「違い」なわけです。

ただし、創作物、とくに大衆的な創作物に現れるヴァーチャル方言は、意図的な編集・加工を経たものです。それと同時に、日本語社会における「方言」に対する価値観の表れであり、その由来となる「方言」に対するステレオタイプの形成とも深く関わります。そして、そのようなコンテンツにおいて醸成・拡散された価値やステレオタイプは、リアル方言にも逆照射されます。つまり、リアル方言とヴァーチャル方言は、独立に存在するのではなく、無限に往還する関係にあるということも、リアル方言とヴァーチャル方言の関係から日本語社会を読み解くに際しての重要なポイントです。

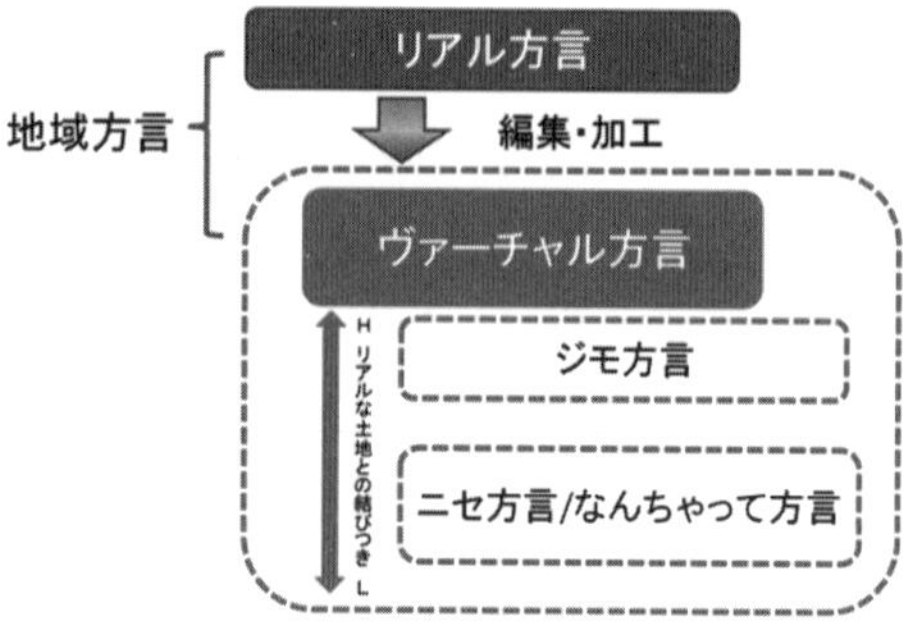

図 1-1　リアル方言とヴァーチャル方言

リアル方言とヴァーチャル方言

ちょっとここで、リアル方言とヴァーチャル方言について整理をしておきましょう（図1-1）。

一般に「方言」といった場合、最初に想起されるのは地域と結びついた「リアルな素のことば」としての方言（リアル方言）でしょう。しかし、先にも触れたように、各種のコンテンツ類などに再現される「方言」は、リアル方言に何らかの編集・加工が施された「ヴァーチャル方言（仮想の方言）」なのです。

ヴァーチャル方言の典型は、ドラマや演劇、マンガなどの大衆的な創作物において意図的な編集・加工を経た「方言」です。この意味においてヴァーチャル方言は、日本語社会で暮らす人々の頭の中に共有される「〇〇方言」★4と言い換えることも可能です。一方で、ヴァーチャル方言は意図的な編集・加工を経たものである必要はなく、創作物において使用されるものばかりを指すわけでもありません。

冒頭に示した「そだねー」は、カーリングの試合中継で流れたリアル方言が切り出されて、世間に流布したものです。つまりリアルから切り出されたその瞬間にヴァーチャル方言と化したわけです。また、リアル方言話者自身による無意識のうちに編集・加工されたヴァーチャル方言が現実の言語行動に用いられるケースなどもあります。

「方言コスプレ」と「ジモ方言」「ニセ方言／なんちゃって方言」

ヴァーチャル方言のなかには、「在来の土地のことば」★5という方言の根幹であるはずの「特定の土地との結びつき」から解き放たれた用法をもつものも存在しています。★6もともと、ある「方言」を使うということは、その人がその「方言」の分布する地域で生まれ育ったか、少なくとも保育者が関わっているなどの土地との密接な結びつきを示すものですが、そうではない用法がヴァー

★4 たとえば「関西方言」など。

★5 亀井孝・河野六郎・千野栄一編著『言語学大辞典6 術語編』（三省堂、一九九六）「方言」の項参照。

★6 「方言」をパッチワークした「普遍化」された「地域語」（木下順二『日本語の世界12 戯曲の日本語』中央公論社、一九八二）が、今・ここではないどこか（鄙《ひな》であるケースが多い）を表現するために採用されることなどはその典型である。

チャル方言には認められる、ということになります。

土地との結びつきから解き放たれた「方言」を用いた典型的な言語行動としては、自分の生まれ育った地域の方言ではないもの、いうならば「ニセ方言」あるいは「なんちゃって方言」を使うというふるまいを指摘することができます。

たとえば、関西人でもないのに「なんでやねん」とつっこんだり、土佐人でもないのに「行くぜよ！」と「リョウマ語」★7でスカッと決意を述べたりする、そのふるまい――「方言」に付随するステレオタイプを用いてある種のキャラを臨時的に発動させることばを用いたコスチューム・プレイ、そのことをわたしは「方言コスプレ」と呼んでいますが――のことです。

イメージ喚起力に富む「ニセ方言」は、由来となる土地との結びつきが必須ではなく、同時にステレオタイプ度の高いものが多くあります。このようなものは、「役割語」★8化したヴァーチャル方言と捉えることも可能です。

図1-2は、二〇一八年度に実施された東京都による時差通勤を訴えるキャンペーンポスター★9です。都の時差通勤キャンペーンは高知県とも坂本リョウマとも関わりはありません。リョウマのイメージと結びついた土佐弁由来の「～ぜよ」というヴァーチャル方言形式を取り入れることによって、リョウマに付随する「変革するぞ！」という言外の決意を「スカッと」言い切るという演出

★7 コンテンツにより「竜馬」「龍馬」など表記が異なるため、リョウマと表記することがある。歴史上の人物として扱う場合や、特定のコンテンツに登場するリョウマについては、それぞれの表記に従う。

★8 「役割語」とは「ある特定の言葉づかい（語彙・語法・言い回し・イントネーション等）を聞くと特定の人物像（年齢、性別、職業、階層、時代、容姿・風貌、性格等）を思い浮かべることができるとき、あるいはある特定の人物像を提示されると、その人物がいかにも使用しそうな言葉づかいを思い浮かべることができるとき、その言葉づかいを「役割語」と呼ぶ」。（金水敏『ヴァーチャル日本語 役割語の謎』岩波書店、二〇〇三）

★9 東京都公式ホームページ・Web広報東京都平成三〇年七月号。http://www.koho.metro.tokyo.lg.jp/2018/07/01.html

効果を狙っているのでしょう。
　一方、土地との結びつきの強い方言を編集・加工した「わかりやすく処理された地元の方言（ジモ方言）」を用いて、より「地元人らしく」ふるまう、これもヴァーチャル方言を用いた「方言コスプレ」の一種です。しかし、「ジモ方言」を用いた「地元人コスプレ」の場合、「編集・加工」の過程を経ていること、あるいは「編集・加工」を経た「ジモ方言」を用いているということが、その行為をしている人物に自覚されているとは限りません。
　さらには、もはや「関西弁」＝「おもしろい」のような方言ステレオタイプを用いたキャラ発動というレベルからも逸脱し、単なるキブンの切り替えツールとして「方言」を用いる行動も目に付きます。たとえば「関西弁」由来の一人称の「うち」や「めっちゃ」「しんどい」などは、「関西方言」として意識されず、ちょっとキブンを切り替えるための全国共通俗語的な表現として全国に浸透していると見ることもできます。★10
　一方でこのようなヴァー

図1-2　東京都の「時差 Biz」ポスター

★10　東川怜奈「Twitterに現れるヴァーチャル方言――強調表現に注目して」（『語文』一五三、日本大学国文学会、二〇一五）

チャル方言を用いたコミュニケーションに対して、生活のことばである方言をことば遊びに使うなんて、と顔をしかめる向きもあるかも知れません。同時に、このようなふるまいを共通語からの言語的距離の近い「方言」を用いる人々が、共通語から言語的距離の遠い「方言」の分布する地域を下に見た行動と受け取る人もいるかも知れません。たしかに「方言コスプレ」に代表されるような「方言」を一種のコミュニケーションツールとして用いる言語行動は、公式なあるいは格式の高い場面に現れるものではない上に、当初は方言意識の希薄な首都圏の若者に顕著な行動として注目されたという経緯もあります。

しかし、もはや、こういった「方言」を一種の自己や場の演出ツールとして用いる言語行動は、SNS上におけるふるまいを指摘するまでもなく、限られた属性をもつ人々による限定的な場面だけで観察されるものではないということは、まぎれもない事実ですし、現代の首都圏の中年以下の多くは「方言をもたない自分たちは残念な人である」と自己認識をしたりしているので、決して「方言」を下に見た行動とは言えないのです(そもそも、「方言コスプレ」の背景にあるのは、誰でも使える共通語ではないトクベツなことばである「方言」がうらやましいという感覚に根ざすものです)。

ヴァーチャル方言を用いた言語行動を、その時々の話し手のキブンを表す最適な表現を探る一つの方略と考えれば、コミュニケーションの両輪である「何を伝えるか」と「どうやって伝えるか」の後者についての方略の一種として捉え直すことも可能でしょう。

方言キャラとヴァーチャル方言を読み解く意義とは？

「方言」の研究といえば、特定の地域に赴き、そこで生まれ育った方々へのインタビューを行うフィールドワークに基づくものを思い浮かべる人が多いでしょう。それらはこれまでもこれからもリアル方言を後世に伝える貴重な研究手法と態度です。一方、方言キャラやそれと密接な関わりをもつヴァーチャル方言は、身の回りにある大衆的なコンテンツの中などに存在することが多いため、日本語や日本語社会のさまざまな断面を探るヒントにあふれているにもかかわらず、価値あるものとして顧みられることはそれほど多くはありませんでした。しかし、身近な素材に遍在し、それゆえにわたしたちの意識に大きなインパクトを与える方言キャラとヴァーチャル方言は、日本語と日本語社会を映す格好の素材です。それに着目することによって、日本語と日本語社会の姿を捉える、あるいは捉え直す新たな試みとなり得ると考えます。

ヴァーチャル方言と方言ステレオタイプの結びつき

冒頭で触れた「そだねー」が「かわいい！」「いやされる！」と日本語社会

の幅広い人々に受け止められたのは、それが「温かい」「素朴」というイメージと結びつくヴァーチャル北海道方言であったから、という理由もあるのです。

むろん、選手らの真摯でありながら笑顔を忘れない試合態度や、本来なら聞くことのできない選手同士の内々の会話がピンマイクという装置によって視聴者にも届けられ、自身があたかもチームの一員であるかのような錯覚を見る者に与えたこと。さらには、寒い会場で長時間行われる体力消耗の激しい試合の合間の真剣な栄養補給の機会であるにもかかわらず、一見するとのんびりしたピクニックに見えなくもない「もぐもぐタイム（おやつタイム）」が話題となったり、カーリングがＳＮＳでつぶやきながら視聴することに適した競技であったことなども、「そだねー」がこれほどに流布した要因でしょう。しかし、ヴァーチャル北海道方言と結びついた「温かい」「素朴」というイメージと、「方言女子に萌える」という感性がすでに広く日本語社会に共有されていたことが、この「そだねー」ブームの主要因と解釈できます。

では、「北海道方言＝温かい、素朴」のように、特定のヴァーチャル方言が特定のイメージ、すなわち方言ステレオタイプと結びついている理由は何でしょうか。そして、それは日本語社会においてどのように形成され、広く行き渡ってきたのでしょうか。

方言ステレオタイプの形成と流布の背景には、方言キャラが登場する「方言コンテンツ」が大きく関わっています。とりわけ、広く深くそして早く、それらを拡散する装置が大衆的なコンテンツで、そこに登場する方言キャラにどのようなヴァーチャル方言がどのように与えられているのか、ということがヴァーチャル方言に付与される方言ステレオタイプの形成と普及の鍵を握ると言えるのです。

記憶に残る「方言コンテンツ」と「方言キャラ」

さあ、ご自身の頭の中を検索して見てください。記憶に残る「方言コンテンツ」や「方言キャラ」。どのようなものが思い浮かんでくるでしょうか。

世代や生まれ育った地域や環境などで異なるところは多々あると思いますが、ここでは二〇一五年全国方言意識Ｗｅｂ調査（有効回答数一〇六八九）★11に基づく記憶に残る「方言コンテンツ」（表1-1）と「方言キャラ」（表1-2）のそれぞれのベストテンをお示ししましょう。当然ながら調査実施年に近いコンテンツが優位なわけですが、表1-1と表1-2からは、調査年バイアスを超えた記憶に残る「方言コンテンツ」や「方言キャラ」があること、さらにそれらには、とある共通点があることが読み取れます。

この二つの表から見出せる記憶に残る「方言コンテンツ」「方言キャラ」の共通点とは何でしょうか。それは、以下の五点に集約できます。

★11「二〇一五年全国方言意識Ｗｅｂ調査」は、国立国語研究所共同研究プロジェクト（基幹型）「多角的アプローチによる現代日本語の動態の解明」（プロジェクトリーダー：相澤正夫）、科学研究費基盤研究（C）「ヴァーチャル方言研究の基盤形成と展開」（15K02577）、統計数理研究所共同研究一般研究二「調査方法の異なる大規模言語意識調査データの比較分析」（28-共研-2024）の研究成果の一環。調査の詳細は、田中ゆかり・林直樹・前田忠彦・相澤正夫「一万人調査からみた最新の方言・共通語意識──「二〇一五年全国方言意識Ｗｅｂ調査」の報告」（『国立国語研究所論集』一一、国立国語研究所、二〇一六）参照。http://doi.org/10.15084/00000844

表 1-1　記憶に残る「方言コンテンツ」ベストテン
（2015 年全国方言意識 Web 調査、有効回答数＝10,689）

順位	タイトル	回答数	放送枠（放送年、脚本） 原作・メディアミックス等
1	あまちゃん	975	NHK 連続テレビ小説（2013 年度前期、宮藤官九郎脚本） ※第 51 回ギャラクシー賞大賞、「東京ドラマアウォード 2013」作品賞グランプリ、第 22 回橋田賞
2	おしん	471	NHK 連続テレビ小説（1983 年度、橋田壽賀子脚本） ※アニメ映画化（サンリオ映画、1984 年）、舞台化（明治座、1984 年）、小説化（NHK 出版、2003 年）、映画化（東映、2013 年）
3	まれ	400	NHK 連続テレビ小説（2015 年度前期、篠崎絵里子脚本）
4	北の国から（シリーズ）	317	フジテレビ金曜劇場（1983〜2002 年［スペシャルドラマ全 8 シリーズ］、倉本聰脚本） ※第 14 回テレビ大賞、第 19 回ギャラクシー賞、日本プロデューサー協会賞特別賞
5	ちゅらさん	290	NHK 連続テレビ小説（2001 年度前期、岡田惠和脚本） ※同局別枠で「ちゅらさん 2」2003 年、「ちゅらさん 3」2004 年、「ちゅらさん 4」2007 年放送
6	仁義なき戦い	180	東映（1973〜1978 年［全 5 作］、深作欣二監督、笠原和夫［1〜4 作］、高田宏治［5 作］脚本） ※モデル小説：飯干晃一『仁義なき戦い　広島やくざ・流血 20 年の記録』（サンケイ新聞社出版局、1973 年） ※「新 仁義なき戦い」3 作、他監督による別シリーズ 3 作
7	龍馬伝	173	NHK 大河ドラマ（2010 年、福田靖脚本） ※第 37 回放送文化基金賞優秀賞、第 35 回エランドール賞作品賞等
8	花子とアン	133	NHK 連続テレビ小説（2014 年度前期、中園ミホ脚本） ※第 23 回橋田賞
9	カミングアウトバラエティ!!　秘密のケンミン SHOW	121	読売テレビ制作、日本テレビ系列放送、毎週木曜夜（2007〜2020 年、みのもんた司会） ※ 2006 年・2007 年の特番放送を経てレギュラー化 ※ 2020 年〜タイトル・司会変更の上、新シリーズ
10	鬼龍院花子の生涯	106	東映（1982 年、五社英雄監督、高田宏治脚本） ※原作小説：宮尾登美子「鬼龍院花子の生涯」（『別冊文藝春秋』、1978〜1979 年） ※テレビドラマ化 2 回（TBS 1984 年、テレビ朝日 2010 年）

表 1-2　記憶に残る「方言キャラ」ベストテン
（2015 年全国方言意識 Web 調査、有効回答数＝10,689）

順位	登場人物名	回答数	コンテンツ名、放送・刊行年、脚本 原作・メディアミックス等
1	天野アキ	405	NHK 連続テレビ小説『あまちゃん』（2013 年度前期）
2	紺谷（津村）希	277	NHK 連続テレビ小説『まれ』（2015 年度前期）
3	田倉（谷村）しん	274	NHK 連続テレビ小説『おしん』（1983 年度）
4	坂本龍馬	123	NHK 大河ドラマ『龍馬伝』（2010 年）
5	村岡花子 （安東はな）	93	NHK 連続テレビ小説『花子とアン』（2014 年度前期）
6	黒板五郎	92	フジテレビ『北の国から』シリーズ（1981～2002 年）
7	服部平次	69	『名探偵コナン』（小学館『週刊少年サンデー』、青山剛昌、1994 年～） ※テレビアニメ（日本テレビ、1996 年～）、劇場版アニメ（東宝、1997 年～）
8	坂本竜馬	66	NHK 大河ドラマ『竜馬がゆく』（1968 年、水木洋子脚本） ※原作小説：司馬遼太郎（産経新聞、1962～1966 年） ※テレビドラマ 4 回（テレビ朝日 1965 年、テレビ東京 1982 年・2004 年、TBS 1997 年）
9	古波蔵ハナ 〔おばぁ〕	62	NHK 連続テレビ小説『ちゅらさん』（2001 年度前期）
10	亀山政春 〔マッサン〕	50	NHK 連続テレビ小説『マッサン』（2014 年度後期、羽原大介脚本）

※表 1-1 と重複するコンテンツの情報は、表 1-1 参照

1　テレビドラマ
2　舞台が現代
3　放送期間が長い
4　シリーズ作品、メディアミックス作品、何回もリメイクされる
5　公開時に評判になる

NHKの連続テレビ小説（通称朝ドラ）の圧倒的強さは、前記の1〜3の条件をほぼ満たすと同時に[★12]、東京局と大阪局が前後期交替で制作することによって、必ず東西日本のどこかが主要な舞台となり、ヒロインはそこの「方言キャラ」として造形されることによります。NHK大河ドラマ（通称大河）も1と3の条件は必ず満たすわけですが、時代ものという制約があります。時代ものは現代ものと異なり、まずは時代設定が「今ではない」ことを視聴者に示す必要があります。時代劇ならではの台詞回し、たとえば武士ならば「さよう」「しからば」「失礼つかまつる」とか、忍者ならば「拙者〜でござる」とか、姫ならば「わらわは〜じゃ」などなどのヴァーチャル時代語が必須アイテムです。それに、加えて地域差を表現するとなると、この上にさらにヴァーチャル方言を加えることになり、作る側としてもそれを視聴する側としても、現代ものに比べコストがかさむという台詞造形上の大きな制約があります。そのため、「坂本

★12　初の「ちょんまげ朝ドラ」のふれこみで、江戸時代（幕末）から物語がスタートする『あさが来た』（二〇一五年度後期）のような例外はあるが、朝ドラは、明治期以降を時代背景とする。

リョウマ」のような限られたキャラしか主役級の方言キャラとしては登場してこないのです。

テレビドラマ以外では、4の条件を満たすものと、ご当地あるあるを取り扱う比較的長寿のバラエティー番組が登場するのみとなっています。

方言コンテンツ・方言キャラともに東日本大震災復興応援ドラマとして制作された朝ドラの『あまちゃん』（二〇一三年前期）とその主人公である天野アキがベスト1となっています。同作は、ヴァーチャル方言が極まった「ニセ方言」をまとうことによって、ヒロインが自己を発見すると同時に自身を再生させる過程を描く「方言コスプレドラマ」です。このようなドラマとそこに登場する「ニセ方言ヒロイン」がベスト1となったことは、こんにちの「方言」のありようと価値観をよく反映した結果と言えるでしょう。★13

天野アキ（『あまちゃん』）を演じる能年玲奈（のん）

なぜニセ方言ヒロインとそれを擁するコンテンツが「記憶に残る」ものとしてベスト1の地位にあるのか、どうして時代ものには方言キャ

★13 田中ゆかり『方言萌え!? ヴァーチャル方言を読み解く』（岩波ジュニア新書、岩波書店、二〇一六）、金水敏・田中ゆかり・岡室美奈子編著『ドラマと方言の新しい関係——『カーネーション』から『八重の桜』、そして『あまちゃん』へ』（笠間書院、二〇一四）

ラが少ない上に主人公格となりにくいのか、そのかたわら時代劇にもかかわらず「リョウマ」のように方言キャラとして定着しているものがあるのはなぜなのだろうか。さらにはヴァーチャル方言の中には、特定のイメージやキャラとの結びつきの強いものからそうでないものまで幅があるようだが、それはまたなぜなのか……。

次章から、さまざまなコンテンツやそこに登場する方言キャラとその台詞、意識調査を含む各種データなどから、順次、これらの謎を探ることにしましょう。

Column 1

記憶に残る「方言キャラ」

ご自身にとっての記憶に残る「方言キャラ」は何でしょうか。あれもこれもと思い浮かぶ人もいると思いますが、うーん、急に言われてもなあ……という人もいるでしょう。

二〇一五年に実施した全国の男女約一万人を対象としたWeb調査[1]で、記憶に残る「方言キャラ」を三体まで挙げてもらった結果をまとめたものが表「記憶に残る「方言キャラ」上位五二キャラ」です（一九頁）。表は、回答者のうち一〇人以上が記憶に残る「方言キャラ」として指摘した五二体（回答者のうち〇・一%以上が回答したキャラ）を回答数の多いものから少ないものの順に並べたものです。表中のベストテンについては第1章で触れた通りですが、一一位以下にはどのようなキャラが登場しているか見てみましょう。調査年が二〇一五年ですから、二〇一五年に近い時期に公開されたコンテンツの登場するキャラが多くなるのは、人の性としてやむをえないことです。しかし、それでもなお、時代を超えて記憶に残る「方言キャラ」があることもわかります。

目立つものとしては、ＮＨＫ連続テレビ小説、通称朝ドラに登場するキャラが九体、時代劇ながらリョウマ・西郷さんの影響により大河ドラマも六体と、長期間全国に放送されるＮＨＫの看板番組の力はやはりわたしたちの脳裏に焼き付く装置として大きな力をもっていることがわかります。

媒体としてはテレビドラマ、テレビアニメ、映画が多く、「ブンガク」は少数派です。近代文学作品に現れるのは、谷崎潤一郎『細雪』（上『中央公論』一九四三年一月号・三月号、下『婦人公論』一九四七年三月号〜一九四八年一〇月号）に登場する「船場ことば」キャラの蒔岡四姉妹（鶴子・幸子・雪子・妙子）と、夏目漱石『坊つちやん』（『ホトトギス』九巻七号付録、一九〇六年）のべらんめえ口調の「江戸弁キャラ」の「坊っちゃん」のみです。しかし、いずれの作品も映画化に加え、数え切れないほどのテレビドラマ化・舞台化などがなされた作品で、これらもメディアミックスの力によって記憶に残るものとなったと言えるでしょう。

さて、この五二体に与えられた方言を都道府県で分類し、出現度数の多いものから順に示したものが図1「記憶に残る「方言キャラ」五二体の分布」です。

「大阪」がダントツで、「関西弁キャラ」は方言キャラ界では鉄板・別格の立ち位置であることがわかります。『名探偵コナン』の共通語主人公・江戸川コナンに対するライバルキャラ・服部平次（図2）が関西弁キャラとして配置されることがその典型です。つまり、主人公格は物語の筋を運び、読者・視聴者が自己投影しやすいように「透明なことば」である共通語キャラとして造形されるのが大衆的なコンテンツの「お約束」（これを「役割語セオリー」と呼んでみましょう）であるため、(2) その対極の第一候補としては日本語社会の中でもっとも認知度の高い関西弁が選択されるということです。

では、第三極の「方言」は何でしょう。図1では、「大阪」に次ぐのは「高知」です。しかし、これはリョウマの「土佐弁」が四分の三を占めていますから、地域というよりはリョウマパワーによるものです。改めて地域ブロックという視点をもって図1を見直してみると、「東北方言キャラ」八体（岩手三、山形二、秋田一、青森一、福島一）と「九州方言キャラ」五体（鹿児島二、熊本一、長

表　記憶に残る「方言キャラ」上位 52 キャラ（2015 年全国方言意識 Web 調査 n=10,689）

順位	登場人物名	方言	性	朝ドラ／大河	コンテンツ	回答数
1	天野アキ	岩手（東京出身）	女	朝ドラ	あまちゃん	405
2	紺谷（津村）希	石川	女	朝ドラ	まれ	277
3	田倉（谷村）しん	山形	女	朝ドラ	おしん	274
4	坂本龍馬	高知	男	大河	龍馬伝	123
5	村岡花子（安東はな）	山梨	女	朝ドラ	花子とアン	93
6	黒板五郎	北海道	男		北の国から	92
7	服部平次	大阪	男		名探偵コナン	69
8	坂本龍馬※表記は坂本竜馬	高知	男	大河	竜馬がゆく	66
9	古波蔵ハナ（おばぁ）	沖縄	女	朝ドラ	ちゅらさん	62
10	亀山政春（マッサン）	広島	男	朝ドラ	マッサン	50
11	竹本チエ	大阪	女		じゃりン子チエ	49
12	上村（古波蔵）恵里	沖縄	女	朝ドラ	ちゅらさん	48
13	ラム	宮城（☆宇宙人）	女		うる星やつら	41
14	新島（山本）八重	福島	女	大河	八重の桜	39
15	鬼龍院花子	高知	女		鬼龍院花子の生涯	36
16	車寅次郎（フーテンの寅）	東京（べらんめぇ）	男		男はつらいよ（シリーズ）	36
17	萬田銀次郎	大阪	男		難波金融伝・ミナミの帝王	35
18	谷村ふじ	山形	女	朝ドラ	おしん	26
19	風 大左衛門	青森	男		いなかっぺ大将	25
20	竹本テツ	大阪	男		じゃりン子チエ	24
21	左門豊作	熊本	男		巨人の星	23
22	中岡元	広島	男		はだしのゲン	22
23	節子	兵庫	女		火垂るの墓	21
24	蒔岡雪子	大阪	女		細雪	21
25	佐野雅志	長崎	男		ちゃんぽん食べたか	21
26	黒板蛍	北海道	女		北の国から	20
27	蒔岡鶴子	大阪	女		細雪	20
28	蒔岡妙子	大阪	女		細雪	19
29	蒔岡幸子	大阪	女		細雪	18
30	坊っちゃん	東京（べらんめぇ）	男		坊つちやん	17
31	室井慎次	秋田	男		踊る大捜査線	17
32	黒板純	北海道	男		北の国から	16
33	西郷隆盛	鹿児島	男	大河	翔ぶが如く	16
34	広能昌三	広島	男		仁義なき戦い（シリーズ）	16
35	コマさん	岡山・山梨（☆妖怪・パッチワーク方言）	男		妖怪ウォッチ	15
36	天野夏	岩手	女	朝ドラ	あまちゃん	15
37	麻宮サキ	高知〔テレビ第二シリーズ〕	女		スケバン刑事	14
38	久坂美和（杉文／久坂文）	山口	女	大河	花燃ゆ	13
39	坂本龍馬	高知	男		JIN —仁—	12
40	ニコチャン大王	愛知・関西（☆宇宙人）	不明		Dr. スランプ アラレちゃん	12
41	吉村貫一郎	岩手	男		壬生義士伝	12
42	秋山篤蔵	福井	男		天皇の料理番	12
43	綿谷新	福井	男		ちはやふる	12
44	西郷隆盛	鹿児島	男	大河	篤姫	11
45	岩鬼正美	関西（神奈川出身）	男		ドカベン	11
46	原田正子	静岡	女		細うで繁盛記	11
47	赤シャツ	東京（標準語）	男		坊つちやん	10
48	ケルベロス（ケロちゃん）	大阪（☆クロウカードの守護者）	不明		カードキャプターさくら	10
49	坂本龍馬※表記は坂本竜馬	高知	男		お〜い！竜馬	10
50	春日歩（愛称：大阪）	大阪	女		あずまんが大王	10
51	富島松五郎	福岡	男		無法松の一生	10
52	和賀英良	標準語（島根）	男		砂の器	10

崎一、福岡一）であることがわかります。

つまり、主人公格「共通語」・ライバル「関西弁」に加え第三極としては「東北弁」または「九州

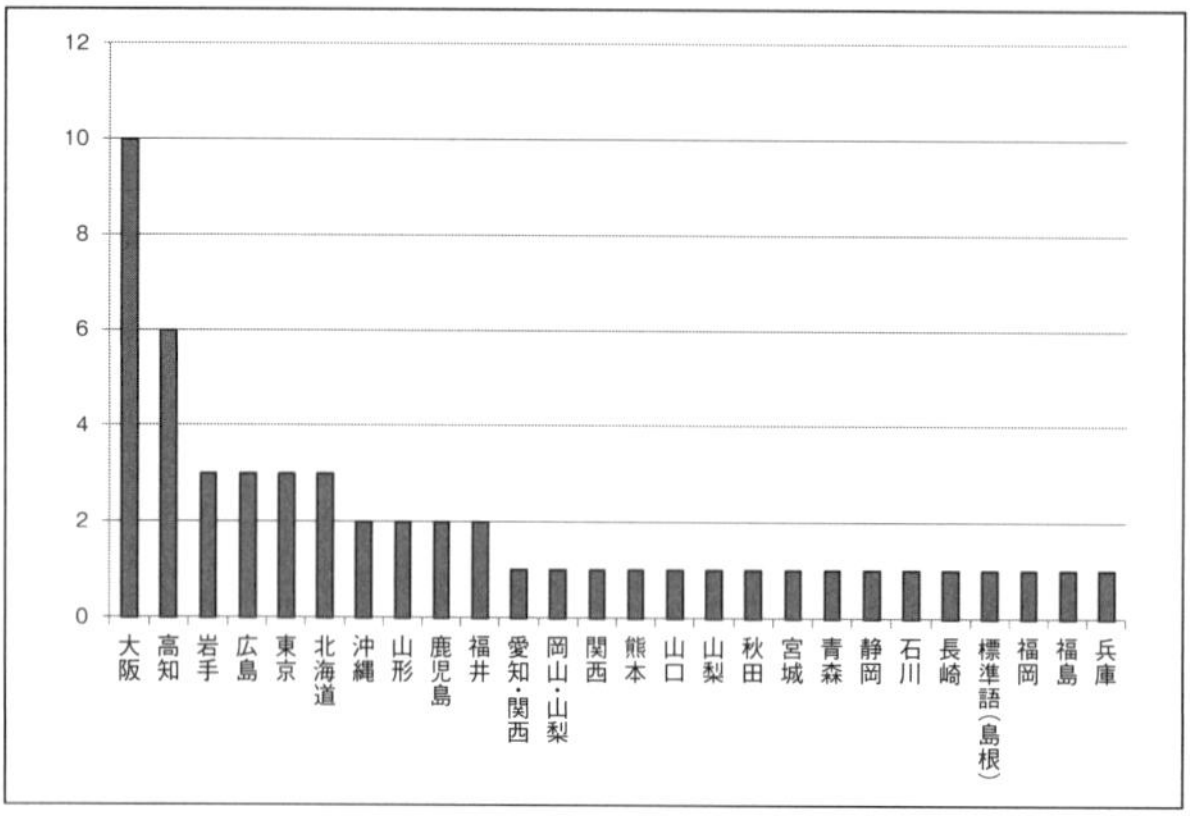

図１　記憶に残る「方言キャラ」52 体の分布（降順）
2015 年全国方言意識 Web 調査（有効回答数＝10,689）

図２　青山剛昌『名探偵コナン⑩』30 頁
（少年サンデーコミックス、小学館、1996）
© 青山剛昌／小学館

弁」キャラが配置されるのが、方言キャラ選択の鉄板であるということが読み取れます。じつは、近年ではこの第三極に「沖縄方言キャラ」が加わりつつあるようですが、これはまた「コラム7」で述べたいと思います。

注

（1）著者らによる二〇一五年全国方言意識Ｗｅｂ調査。調査の詳細については、田中ゆかり『方言萌え⁉ヴァーチャル方言を読み解く』（岩波ジュニア新書、岩波書店、二〇一六）参照。表は同書一六九頁掲出の表9-1を基にしている。

（2）金水敏『ヴァーチャル日本語　役割語の謎』（岩波書店、二〇〇三）、金水敏・田中ゆかり・岡室美奈子編著『ドラマと方言の新しい関係――『カーネーション』から『八重の桜』、そして『あまちゃん』へ』（笠間書院、二〇一四）参照。

第2章

方言ヒーロー、リョウマ見参！

坂本竜馬の肖像写真

(『近世名士写真　其2』近世名士写真頒布会、1935年、国立国会図書館蔵)

令和の時代を迎え、幕末・明治はおろか昭和さえ遠くなりつつある昨今ですが、明治維新から一五〇年を迎えたのが二〇一八年。ＮＨＫ大河ドラマでは、同年に明治維新一五〇年を意識した『西郷《せご》どん』（林真理子原作、中園ミホ脚本）が放送されました[★1]。

同作の「薩摩ことば指導」は、鹿児島出身の役者である迫田孝也さん・田上晃吉さんの二人体制で行われました。大河ドラマや朝ドラでは、俚言《りげん》（共通語と形式もしくは意味の異なる語彙《い》）に対しては、共通語字幕を付けたり、説明的台詞で視聴者の理解を助けるというスタイルをとってきました。しかし、同作では放送初回から「やっせんぼ（臆病者）」のような俚言にも字幕を付けない骨のあるスタンスを示しました。この「方言プレスティージの時代」においても、なかなかに挑戦的なスタンスで、放送開始翌週に、「西郷どんに字幕がほしい薩摩弁」[★2]と川柳に読まれたほどです[★3]。

同作主人公の西郷隆盛といえば、代表的な「薩摩弁キャラ」ですが、まずは、時代劇の登場人物にもかかわらず第1章で触れた記憶に残る「方言キャラ」においてベストテン入りした坂本リョウマを取り上げたいと思います。

★1　ちなみに明治維新一〇〇年であった一九六八年のＮＨＫ大河ドラマでは、それを意識した司馬遼太郎原作の『竜馬がゆく』が放送された（本章二八頁参照）。

★2　二〇一八年一月一四日・読売新聞「よみうり時事川柳」

★3　『西郷どん』においても、より共通語からの言語的距離が遠い「奄美ことば」には共通語字幕を付けたことが話題になった。「ＮＨＫ大河ドラマ『西郷どん』（日曜後八時）で、第一八話「流人　菊池源吾」から日本語字幕が導入され、奄美ことばに標準語字幕が付いた。一九六三年にスタートした大河ドラマの歴史の中で、日本語のセリフに日本語字幕が付くのは極めて異例」（二〇一八年五月一三日・スポニチアネックス https://www.sponichi.co.jp/entertainment/news/2018/05/13/kiji/20180513s00041000254000c.html）ただし、記事中では共通語字幕が付いたことを「極めて異例」とし

方言キャラと時代劇

第1章で見た通り、記憶に残る「方言コンテンツ」「方言キャラ」となるには、コンテンツのベースとなることばが現代語である現代劇の方が、「ここではないどこか」を表現する地域方言を取り入れやすいという構造上の特徴があります。「今ではない過去のいつか」をヴァーチャル時代語によって示すことが肝要な時代ものは、現代劇に比べ、地域差を示すヴァーチャル方言を取り入れにくいという制約がそもそもあります。

たとえば、戦国武将はさまざまな地域出身ですから、みな方言キャラとして造形されてもよさそうなところ、多くの場合はそうなっていません。たとえば、織田信長・豊臣秀吉・徳川家康、これらが「尾張弁」や「三河弁」キャラとして造形されることは特別な場合を除いてほとんどありません。三キャラの中では秀吉は相対的に「尾張弁キャラ」として造形されることが多く[★4]、近年ではさらに増えてきてはいますが、「うつけ者時代」の信長を除くと、信長・家康においては、方言キャラとして造形されることはいまだに少ない状況です[★5]。その三体のキャラすべてが登場する戦国時代を描くマンガ『へうげもの』（山田芳裕、『モーニング』講談社、二〇〇五〜二〇一七年）においても、天下人としてふるまうこれらのキャラはすべて共通語または武士ことば[★6]を与えられています（図2-1、2-2、2-3参照）。

ているが、俚言に共通語字幕を付ける方式は、NHKのドラマとしては珍しくない。対訳の形での共通語字幕の試みは、NHK初のマルチ方言ドラマとして記憶される『國語元年』（井上ひさし原作・脚本、一九八五年放送）が初とされる。

★4　とくに藤吉郎時代・足軽時代には、身分差などを表現するために方言キャラとして造形されることが多いようである。

★5　信長を主人公とする『下天は夢か』（津本陽、日本経済新聞、一九八六〜一九八九年）では、信長の本音や内言、身近な者との会話などところどころの台詞に「尾張弁」が用いられているが、信長に限らずさまざまな登場人物にも同様に「尾張弁」が与えられ、しかも物語の筋を運ぶ信長の台詞はヴァーチャル時代語、「わし〜じゃ」式の武士ことばである。従って、信長は方言一貫キャラとは言えない。一方、方言台詞となる場面にはある程度の傾向性がう

図 2-1　織田信長
（山田芳裕『へうげもの②』188 頁、モーニング KC、講談社、2006）
© 山田芳裕／講談社

図 2-2　豊臣秀吉
（山田芳裕『へうげもの⑦』5 頁、モーニング KC、講談社、2008）
© 山田芳裕／講談社

図 2-3　徳川家康
（山田芳裕『へうげもの㉑』100 頁、モーニング KC、講談社、2015）
© 山田芳裕／講談社

また、浜松市のご当地キャラで「はままつ福市長」の肩書ももつ「出世大名家康くん」（図2-4）も、「徳川家康公は、「浜松城」に、一七年間居城したのち天下統一を成し遂げた、まさしく「出世大名」。拙者は、その生まれ変わりと言われているのじゃ。★7」（サイト自己紹介）と話すように、ご当地方言キャラとしては造形されておらず、武士ことばキャラです。これにはワケがあり、さらにはこの三キャラが方言キャラとして造形される程度に違いがあることからも、さまざまなことが読み取れます。★8

図2-4　浜松市のご当地キャラ「出世大名家康くん」

「土佐弁ヒーロー」リョウマ

が、まずは、時代劇の登場人物ながら確固たる「記憶に残る方言キャラ」として認識されるリョウマが、いかにしてそのような地位を築くに至ったのかをたどることにしましょう。

結論から言ってしまえば、リョウマがヴァーチャル土佐弁を繰り出す方言ヒーローとして日本語社会のお茶の間に見参し

かがえなくもないが、かなりアドホックで、明瞭な方言シフトキャラとして意識的に造形されているとも言いがたい。（「コラム3」参照）

★6　ヴァーチャル時代語の一種。金水敏編『〈役割語〉小辞典』（研究社、二〇一四）、田中ゆかり・金水敏・児玉竜一編著『時代劇・歴史ドラマは台詞で決まる！――世界観を形づくる「ヴァーチャル時代語」』（笠間書院、二〇一八）参照。

★7　浜松市公式ホームページ https://www.city.hamamatsu.shizuoka.jp/kanko/intro/100year/100chara.html

★8　NHK大河ドラマ『青天を衝け』（大森美香脚本、二〇二一年）では、ドラマ導入部分などに徳川家康〔北大路欣也〕が登場する。台詞は、「こんばんは。徳川家康です」（第七回「青天の栄一」）と現代の共通語キャラである。（「コラム2」「コラム3」参照）

たのは、一九六八年に明治維新一〇〇年を記念し放送されたNHK大河ドラマ『竜馬がゆく』（司馬遼太郎原作、水木洋子脚本）です。

図2-5　高知県のアンテナショップ「まるごと高知」の店頭POP（2016年10月撮影）

リョウマといえば「ぜよ」、「ぜよ」といえばリョウマ。こんにちのわたしたちにとって、「ぜよ」と言わないリョウマは想像しにくいものがあります。リョウマ関連の内容を報ずる新聞記事の見出しにはしばしば「ぜよ」が踊るし、東京都中央区銀座一丁目にある高知県のアンテナショップ「まるごと高知」でも、やっぱりリョウマは「かつおのたたきを食べに行くぜヨ！」とわたしたちを誘うのです（図2-5）。

かつてはリョウマも共通語キャラだった

しかし、リョウマは最初から「土佐弁キャラ」として造形されたわけではありません。各種コンテンツにおけるヒーロー・ヒロインは、物語の筋を運び、読者や視聴者が自己投影しやすいように共通語キャラとして造形されてきた歴史があります。リョウマもその例に漏れず、当初は共通語キャラでした。その証拠にリョウマの登場する大河ドラマは二〇二〇年現在一〇作品ありますが、一九六七年放送の『三姉妹』では、龍馬は自分のことを「わたくし」と呼び、次のような共通語キャラとして造形されています。★9

龍馬：今、長州の名で武器を買い入れることはとても無理な相談だ。薩摩で買い入れたらいかがです？

★9　以下の台詞はNHKアーカイブスにおいて一般公開されていた同作「総集編（1）」（一九六七年一二月放送）における筆者による聞き取りと文字起こしによる。

慶応三（一八六七）年、暗殺により没したリョウマを主人公格とする小説は、案外早く登場します。明治一六（一八八三）年に高知の土陽新聞に連載された坂崎紫瀾《しらん》『天下無双《てんかぶさう》人傑海南第一伝奇《じんけつかいなんだいいちのでんき》汗血千里駒《かんけつせんりのこま》』（図2-6）がそれです。

図2-6　『汗血千里駒』初篇（坂崎鳴々道人〔紫瀾の別号〕著、宇田川文海校、駸々堂、1883年、国立国会図書館蔵）の表紙

同作には、こんにち巷で知られるリョウマ・エピソードのほとんどが収めら

れ、その後のリョウマを主人公格とする創作物に異例とも言えるほどの大きな影響を与えたことで知られる作品です。★10

同作に登場する龍馬は、地の文では「土佐訛り」「国訛り」のある人物であることが三度示されるものの、同作でリョウマに与えられた台詞は次のようなものです。

龍馬：僕はクヤ〲が大分上達したと思つて居たが　斯く気づかれし上からは何をか包まん　才谷梅太郎とは浮世を忍ぶ仮の名と芝居のセリフならいふ所だが実は土州の浪人ヨ　（第二四回）

一人称は「僕」、文末には「ヨ」と、ちょっと軽めの書生（明治時代の男子学生）のような共通語口調の造形です。坂崎紫瀾は生まれこそ江戸ですが、土佐藩医の次男として藩校まで出た土佐弁ネイティブなので、土佐弁を知らなかったわけではありません。にもかかわらず、龍馬に限らず同作に土佐弁的要素は現れません。ちなみに「クヤ〲」とは、『日本国語大辞典　第二版』（小学館）によれば人に呼びかける「コラコラ」の意ですが、この場面では「薩摩弁」を指すことばとして用いられています。

リョウマものは戦前・戦後を通じ、文学・演劇の素材として好まれたようで、

★10　林原純生「解説『汗血千里の駒』」（『新日本古典文学大系　明治編一六　政治小説集一』岩波書店、二〇〇三）

白柳《しらやなぎ》秀湖《しゅうこ》『坂本龍馬』（一九二四〜一九二六年）や矢田挿雲『大政奉還』（一九三五年）、真山青果『戯曲　坂本龍馬』（一九二八年）をはじめ枚挙にいとまがないのですが、いずれもリョウマの台詞は『汗血千里駒』に似た戯作的とも講談的ともいえる書生のような台詞造形です。戦後に書かれた山岡荘八の小説『坂本龍馬』（一九五五〜一九五六年）においても、龍馬はいまだ次のような共通語キャラとして造形されているのです。★11

龍馬：おれは、遊びにきたのではない、江戸へ

方言ヒーローの誕生

リョウマの転機は一九六〇年代の高度経済成長期に訪れます。司馬遼太郎『竜馬がゆく』（産経新聞、一九六二〜一九六六年）の物語の進展とともに、竜馬は「土佐弁ヒーロー」に徐々に「変身」します。というのは、初登場からしばらくは、竜馬は、以下のようなおじさんくさい共通語キャラとして造形されているからです。

そこにのみがいたんです。（中略）私も負けずにもぐりこむと、どうやらの

★11『山岡荘八全集　三二』（講談社、一九八三）

みが口のなかに入ってしまったらしい。あれは、妙な味ですな
（「門出の花」[12]）

物語の筋が進むにつれて竜馬は共通語と「土佐弁」を適宜切り替えるバイリンガルなコード切り替えキャラに移行します。親しい者や土佐藩関係者には「土佐弁」で、上位者と話す場面などしかるべき場面では共通語をと、高度経済成長を支えた上京青年たちの映し鏡のような造形となっているのです。

物語が佳境に入ると共通語への切り替えは影を潜め、ほぼ方言一貫キャラへと移行し、竜馬の「土佐弁ヒーロー」化が完了します。その段階に至った台詞には、こんにちのわたしたちが「土佐弁」といえば思い浮かべる方言形式「～ぜよ」「～き」「～ちょる」「ちくと」「おまん」などがちりばめられています。

しかし、先に示した一九六七年放送の大河ドラマ『三姉妹』では共通語キャラであったことからもわかる通り、リョウマが「土佐弁ヒーロー」として世間に広く認知されるには、大河ドラマ『竜馬がゆく』の登場を待つ必要がありました。**表2-1**[13]で示したように大河ドラマにおけるリョウマの台詞の変遷を見れば、『竜馬がゆく』を分水嶺として、以降リョウマは「土佐弁ヒーロー」と化し、こんにちに至ることがわかります。

高度経済成長期に新聞小説として執筆された『竜馬がゆく』の竜馬は、その

★12 『司馬遼太郎全集第三巻　竜馬がゆく』所収（文藝春秋、一九七二）。

★13 いずれの台詞も、筆者の聞き取りによる文字起こしデータに基づく。

表 2-1　大河ドラマにおける「リョウマ」の台詞

放送年	タイトル	配　役	台　詞	作・原作／脚本
1967	三姉妹	中村敦夫	今、長州の名で武器を買い入れることはとても無理な相談だ。薩摩で買い入れたらいかがです？	大佛次郎／鈴木尚之
1968	竜馬がゆく	北大路欣也	はっはー、なんとなんと、かんぐりかんぐりとっとのめぜよ それは、俺も男じゃきー、志のためにのたれ死にするのは、男子の本懐じゃと思うちょります	司馬遼太郎／水木洋子
1974	勝海舟	藤岡弘	わしゃ背中に毛が生えちゅうがじゃきん、チクとそこらの人とはちがうがぜよ	子母澤寛／倉本聰・中沢昭二
1977	花神	夏八木勲	生まれ変わった日本で出世する気はないぜよ	司馬遼太郎／大野靖子
1990	翔ぶが如く	佐藤浩市	あっしは天下の風来坊じゃきい、どうするおつもりですろ？	司馬遼太郎／小山内美江子
2004	新選組！	江口洋介	これで成立じゃきー、次は頬ずりぜよ	三谷幸喜
2008	篤姫	玉木宏	おりょう、ちっくと寒いき	宮尾登美子／田渕久美子
2010	龍馬伝	福山雅治	わかっちゅうがは、けんかじゃ変えられんゆうことぜよ	福田靖
2015	花燃ゆ	伊原剛志	これは何ぜよ？	大島里美・宮村優子・金子ありさ・小松江里子
2018	西郷どん	小栗旬	こりゃいかん。まだ死ねん。今じゃないぜよ	林真理子／中園ミホ

時代を支えた上京青年たちの言語実態——地元方言と共通語を場面・相手によってコード切り替えをする日々——とその青雲の志を映すものであった、それゆえに日本語社会に「方言ヒーロー・リョウマ」という造形が広く深く一気に打ち込まれたと言えるでしょう。

冒頭でも述べた通り、時代ものの台詞では、舞台が過去であるということを示す装置としてヴァーチャル時代語を用います。ヴァーチャル時代語にヴァーチャル方言といった仮想のことばの重ね遣いを避けるために、時代ものでは地域性を演出するヴァーチャル方言が後退しやすいのです。これが、現代もの中心の朝ドラなどに比して、大河ドラマに代表されるような時代ものの主人公格

坂本竜馬（『竜馬がゆく』）を演じる北大路欣也

坂本龍馬（『龍馬伝』）を演じる福山雅治

に方言キャラが少ない理由です。

にもかかわらず、特定の登場人物は地域方言と結びつき方言ヒーローと化しています。その典型がリョウマで、他にも西郷隆盛と「薩摩弁」、勝海舟とべらんめえ口調の「江戸弁」などの結びつきが思い浮かびます。これにも、いろいろなワケがあるのですが、その読み解きは次章にて行います。

それにしても、幕末方言ヒーローの筆頭格である「土佐弁ヒーロー」リョウマの威力は恐るべし、です。

名だたる刀剣が戦士へと姿を変えた〝刀剣男士〟を集めて育て、自分だけの部隊を結成しさまざまな合戦場を攻略していく刀剣育成シミュレーションゲーム『刀剣乱舞-ONLINE-』(DMM GAMES[★14]が開発・運営、ニトロプラスが世界

図2-7　陸奥守吉行(坂本龍馬帯刀とされる刀剣のキャラクター)(『刀剣乱舞-ONLINE-』)
©2015 EXNOA LLC/NITRO PLUS

★14 二〇二〇年四月にEXNOA(エクスノア)に社名(商号)変更。

観・シナリオ・キャラクターデザインを手掛けるPCブラウザ・スマホアプリゲーム）に登場する龍馬佩刀《はいとう》の陸奥守《むつのかみ》吉行《よしゆき》は、ゲーム内ではリョウマ同様、以下のような土佐弁キャラとして造形されており、人気を博しています。

わしは陸奥守吉行じゃ。そうそう、坂本龍馬の佩刀として知られちゅうね。土佐じゃー名刀として評判やったがやけど、龍馬の時代じゃ、もう刀は時代遅れじゃった。けんど、それが世界というもんぜよ

（『刀剣乱舞-ONLINE-』「刀帳九三番　陸奥守吉行」）

さらにリョウマは、第1章（七頁）でも触れたように、

「東京の朝を、変えるぜよ。」

と、東京都の二〇一八年度の時差通勤キャンペーン「時差Biz」（二〇一七年度開始）にも、スカイツリーと朝日をバックに土佐弁キャラとして登場します。「東京の朝まで変えてしまうのか！」と衝撃を受けつつも、リョウマがそう言い切るならば、変えられるのかも知れない……そんな気持ちを抱かせるに十分なヴァーチャル方言キャッチコピーと言えるでしょう。

第３章

方言ヒーロー／ヒロインは幕末ものに咲く！

西郷隆盛の肖像写真
（『近世名士写真　其1』近世名士写真頒布会、1935年、国立国会図書館蔵）

「薩摩弁キャラ」西郷隆盛

時代劇は現代劇に比べ、「今ではない過去のいつか」を表現するための「さよう」「しからば」「〜でござる」式のヴァーチャル時代語が作品のベース言語となることが習慣的でした。同時に「ここではないどこか」を表現するためのヴァーチャル地域方言は、同一コンテンツ内におけるヴァーチャル言語の重ね遣いとなるため、時代ものでの使用は抑制されるのが常です。そのため、時代劇においては、方言キャラ、とりわけ物語の筋を運ぶ主人公格の方言ヒーロー／ヒロインが登場しにくい構造にあるということ、前章までに述べてきた通りです。

一方、土佐弁ヒーローとして光を当てたリョウマのほかにも、西郷隆盛といった時代劇の主人公格になりうる方言キャラも存在しています。

しかし、リョウマがそうであったように（第2章）、西郷隆盛もはじめから方言キャラとして造形されてきたわけではありません。西郷隆盛がいつ頃から方言キャラとして造形されているのかということについては、近年急速に解明されつつあります。

歌舞伎において西郷隆盛が初登場した「近世開港魁《きんせいみなとのさきがけ》」（瀬川如皐《じょこう》、横浜港座、一八七四［明治七］年）の台詞は、主として武士ことばであり、「薩摩弁は用いていない」ということが明らかにされています★1し、西南戦争終結（一八七七年九月）

★1 埋忠美沙「歌舞伎の西郷隆盛」（『歌舞伎 研究と批評』六四、歌舞伎学会、二〇二〇）

五ヶ月後に新富座で上演された新歌舞伎「西南雲《おきげのくも》晴《はらう》朝東風《あさごち》」（河竹黙阿弥）においても、西郷隆盛の台詞は文語調の共通語です。★2

歌舞伎に現れる「西郷もの」に「薩摩弁まじりの台詞」が登場してきたのは、西南戦争劇が流行した一八七八（明治一一）年。その後、「江《え》戸《ど》城《じょう》明渡《あけわたし》」（高安月郊、川上一座、一九〇三［明治三六］年）では、高田実扮する西郷の「薩摩弁」が評判となったということです。そして、大正期の岡本綺堂による西南戦争劇では、西郷隆盛は「東京に長く住む鹿児島出身者の言葉を参考に写実すぎない程度」に「ごわす」などを取り入れた台詞と上野公園の銅像★3に寄せた風貌として造形されることがほぼ定型化したことが明らかにされています。★4さらに、大正期に入ると西郷隆盛の台詞には「ごわす」のような薩摩弁要素に加え、一部の講談や小説においては、「こぎゃん」のような肥後（現在の熊本県に相当する地域）弁要素が取り入れられたものも登場し、昭和期に入るまでには西郷隆盛は歌舞伎、講談、小説など多くのコンテンツにおいて薩摩弁要素を主とした九州弁キャラにほぼ

図3-1　上野公園の西郷隆盛像

★2　篠田仙果による同作正本写し（山松堂板・一八七八年、『正本写合巻集一九　西南雲晴朝東風』国立劇場調査養成部、二〇一七）による。詳細は、田中ゆかり・金水敏・児玉竜一編著『時代劇・歴史ドラマは台詞で決まる！――世界観を形づくる「ヴァーチャル時代語」』（笠間書院、二〇一八）参照。

★3　東京都台東区上野の上野公園にある西郷隆盛像（高村光雲作）のこと（図3-1参照）。西南戦争による逆徒の汚名が解かれたことを契機に、宮内庁下賜金と有志からの寄付金で建立された。一八九八（明治三一）年に除幕式が行われた。

★4　埋忠美沙「歌舞伎の西郷隆盛」（『歌舞伎　研究と批評』六四、歌舞伎学会、二〇二〇）

収斂したことが指摘されています。[★5]

西郷隆盛が観客の期待に応えるように方言キャラとして造形されていく過程を「「英雄西郷」から「人間西郷」への変容の過程であった」とする解釈は[★6]、的を射た指摘と言えるでしょう。

西郷隆盛（『西郷どん』）を演じる鈴木亮平

本章では、NHK大河ドラマにおける方言キャラに話を戻して、時代劇における方言キャラたり得る条件を読み解きます。右の指摘を的を射たものとする理由もそこから導かれてくるはずです。

リョウマや西郷さんのような方言キャラとして造形されることが圧倒的に多い登場人物は、物語世界における非中心地の出身（あるいは「という設定」）であることが必要条件ですが、十分条件ではないというところを見ていきます。

二〇一八年放送のNHK大河ドラマ『西郷《せご》どん』（林真理子原作、中園ミホ脚本）では、大久保利通も西郷と袂を分かつまでは、西郷と同様におおむね「薩摩弁キャラ」として造形がなされていましたが、[★7]従来の西郷ものにおいては大久保は同じ薩摩藩出身ながら、多くの場合共通語キャラとして造形されてきました。

★5　岡島昭浩「西郷隆盛はどのように語らせられてきたか」（『語文』一一三、大阪大学国語国文学会、二〇一九）

★6　埋忠美沙「歌舞伎の西郷隆盛」『歌舞伎 研究と批評』六四、歌舞伎学会、二〇二〇）

★7　その後は、内々の会話や内言では「薩摩弁」、その他では共通語というコード切り替えキャラに移行。

ドラマと「方言指導」

大河ドラマにおいて、脚本の方言台詞を監修する「方言指導」がオープニングクレジットロールに示されるようになった最初の作品は、『獅子の時代』（山田太一脚本、一九八〇年）です。同作は、架空の会津藩の下級武士と同じく架空の薩摩郷士のダブル主役が幕末維新期を駆け抜けるという物語を描いています。

リアル方言ドラマを志向する「方言指導」は、現代劇のNHK連続テレビ小説（通称朝ドラ）において、時代劇の大河ドラマよりも一足早く導入されます。朝ドラにおいて、試験導入された最初の作品が『雲のじゅうたん』（田向正健脚本、一九七六年前期）です。ただし、オープニングクレジットロールに「方言指導」が明示されるようになった作品は『おしん』（橋田壽賀子脚本、一九八三年）なので、局として言語変種に対するリアルさを求める姿勢をクレジットロールなどにおいて明示することを基本方針として固めたのは、一九八〇年代はじめ頃であることがわかります。

「方言指導」の導入は、世間からの批判が強かったドラマにおける「なんちゃって方言」追放のための方策として編み出されたもので、NKKの「方言」に対するスタンスの変化を反映したものであったわけです。

一九八〇年代は、それまでの「共通語」に重きを置く時代から、「方言」に新たな価値を見出す時代へと日本語社会全体が大きく転換した時期です。NH

Kの対応は、その社会の「方言」に対する価値観の変化に対応したものでした。世間における「ドラマ方言」にリアルさを求める気運の高まりは、ドラマを制作・受容する社会の言語変種、ここでは「方言」に対する価値観の変遷を映すものとしても捉えることができるのです。

以下では、時代劇におけるドラマ方言の水準の変遷を、「方言指導」のありかたと、方言ドラマとしてのエポックメイキングな作品を通して見ていきます。

大河ドラマにおける「方言指導」の変遷

まずは、「方言指導」がどのような言語変種に付いたのかについて確認しましょう。

二〇二〇年放送の『麒麟がくる』（池端俊策・前川洋一・岩本真耶・河本瑞貴脚本）までの大河ドラマ五九作中三〇作品に何らかの言語変種に対する「指導」が付いています。そして、その「指導」の対象は、じつは地域方言に留まりません。「公家言葉」（『信長』田向正健脚本、一九九二年）、「御所言葉／御所ことば」（『徳川慶喜』司馬遼太郎原作、田向正健脚本、一九九八年／『北条時宗』高橋克彦原作、井上由美子脚本、二〇〇一年など）のような社会方言から、「英語」「仏語」（『春の波濤』杉本苑子原作、中島丈博脚本、一九八五年）、「ポルトガル語」（『信長』）、「モンゴル語」「高麗語」（『北条時宗』）、「朝鮮語」（『軍師官兵衛』前川洋一脚本、二〇一四年）のような外国語までがその対象となっています。

社会方言や外国語にしばしば「指導」が付くことは、大河ドラマの特徴として指摘できます。

「方言指導」が付くか付かないかといったこととは別に、大河ドラマにおける「方言ドラマ」としてエポックメイキングな作品が存在します。

初の方言時代劇である『竜馬がゆく』は別格として、「方言指導」導入により「方言キャラ」が登場し、さらには物語の筋を運ぶ、より重要な役目をもつナレーションにも「方言」が導入されます。加えて、一つの言語変種に対してそのバリエーションを豊かにするためにジェンダーや年齢の異なる方言指導者で構成される複数人体制が採用されるまでに至りました。その結果、大河ドラマにも「方言ヒロイン」が登場するなど、時代劇と「方言」の関係性も変化してきました。時代ものに性差・年代差を反映した地域方言が取り入れられるようになり、台詞造形も多様で立体的なものに変貌しつつあることが看取されます。この背景には、制作者・視聴者ともに時代ものであっても、地域差・性差・年代差などにリアルさを求めるようになったということを指摘できます。

・『竜馬がゆく』（一九六八年、司馬遼太郎原作、水木洋子脚本）：主人公をはじめとした土佐藩関係者すべてが「土佐弁」。初の方言大河ドラマ。

・『獅子の時代』（一九八〇年、山田太一脚本）：「方言指導」がオープニングクレジットロールに登場。

・『翔ぶが如く』★8（一九九〇年、司馬遼太郎原作、小山内美江子脚本）：登場人物に加え、ナレーションも「薩摩弁」。薩摩弁台詞には共通語字幕。

・『龍馬伝』（二〇一〇年、福田靖脚本）：地域方言である「土佐ことば」「会津ことば」「京ことば」「長州ことば」「薩摩ことば」に加え、社会方言である「御所ことば」にも「指導」が付く。

・『八重の桜』（二〇一三年、山本むつみ・吉澤智子・三浦有為子脚本）：主要方言に複数人の「ことば指導」が付き、性差・年代差を反映した地域方言台詞を目指す。

はじめての方言大河ドラマ『竜馬がゆく』はオープニングクレジットロールに「方言指導」が明示される前に登場しますが、その後のドラマ方言の水準を変えたエポックメイキング作品は、いずれも一九八〇年代以降に放送された幕末維新期を舞台とする作品であることがわかります。

★8　幕末維新期を舞台とした西郷隆盛と大久保利通の友情と対立を軸に、近代国家づくりに奔走した人々を描いたドラマ。

方言ヒーローとなる条件とは？

そこで、幕末維新期ものは、方言ドラマ寄りのものが本当に多いのか、大河ドラマ全体に目を向け、確認してみたいと思います。二〇二〇年までに制作された大河ドラマ五九作のうち、幕末維新期を舞台とするものは一四作品あります。それらを抜き出し、「方言指導」の有無、「主人公が方言キャラか否か」についてまとめた表を見てみましょう。

次頁の**表3-1**[★9]からは、幕末維新期ものには、「方言指導」導入後の一九八〇年代以降の作品にはすべて「方言指導」が付いていることがわかります。一方、「方言指導」以前の作品ながら、主人公が方言キャラとして造形されているものとして『竜馬がゆく』の竜馬と『勝海舟』の海舟の存在にも気づきます。[★10]

方言主人公に注目すると、リョウマと西郷隆盛は二作品ずつ登場していること、新島八重を除くと全員男性であること、勝海舟を除くと、地方出身で身分がけして高くないことが共通点であることがわかります。一方、非方言主人公は、武蔵国（現代でいえば都下、すなわち首都圏）生育の近藤勇を除くと、地方出身ではあるが高位の身分にある人物か女性です（篤姫は地方出身だが高位かつ女性）。

ここからは、時代劇において方言主人公たり得るためには、幕末維新期もの、そして地方出身の身分の高くない男性であること、さらに加えるならば、現状

★9 田中ゆかり「映像メディアにおける方言活用」（半沢康・新井小枝子編『実践方言学講座 第一巻』くろしお出版、二〇二〇）

★10 それぞれ、『竜馬がゆく』（司馬遼太郎、産経新聞、一九六二〜一九六六年）、『勝海舟』（子母澤寛、日本経済新聞、一九四一〜一九四六年）と原作があり、原作においてすでに方言キャラとして造形されている。ただし、どちらも原作では最初は共通語キャラで、物語が進むにつれ、徐々に方言キャラ化していく。詳細は、田中ゆかり『「方言コスプレ」の時代――ニセ関西弁から龍馬語まで』（岩波書店、二〇一一）第四章参照。

表 3-1　幕末維新期もの大河ドラマにおける主人公の言語変種と「方言指導」記載の有無

放送年	タイトル	原作・脚本	方言主人公	非方言主人公	クレジットロール「方言指導」記載有無
1963	花の生涯	原作：舟橋聖一　脚本：北条誠		井伊直弼	×
1967	三姉妹	原作：大佛次郎　脚本：鈴木尚之		架空の旗本三姉妹	（未確認）※
1968	竜馬がゆく	原作：司馬遼太郎　脚本：水木洋子	坂本竜馬		×
1974	勝海舟	原作：子母澤寛　脚本：倉本聰・中沢昭二	勝海舟		×
1977	花神	原作：司馬遼太郎　脚本：大野靖子		大村益次郎	×
1980	獅子の時代	脚本：山田太一	会津藩の下級武士・平沼銑次 薩摩の郷士・苅谷嘉顕 （いずれも架空の人物）		○
1990	翔ぶが如く	原作：司馬遼太郎　脚本：小山内美江子	西郷隆盛		○
1998	徳川慶喜	原作：司馬遼太郎　脚本：田向正健		徳川慶喜	○
2004	新選組！	脚本：三谷幸喜		近藤勇	○
2008	篤姫	原作：宮尾登美子　脚本：田渕久美子		篤姫	○
2010	龍馬伝	脚本：福田靖	坂本龍馬		○
2013	八重の桜	脚本：山本むつみ・吉澤智子・三浦有為子	新島八重		○
2015	花燃ゆ	脚本：大島里美・宮村優子・金子ありさ・小松江里子		杉文 （吉田松陰の妹）	○
2018	西郷どん	原作：林真理子　脚本：中園ミホ	西郷隆盛		○

※NHK アーカイブス等によって確認できない場合、（未確認）とした。

を変えようという志を抱く人物であることがその条件であることがわかります。[★11]方言主人公として複数回登場するリョウマは、維新を見ることなく暗殺されますし、西郷も西南戦争に負けて最期は自刃します。ここからは、明治以降の中央集権制度に与することなく、志半ばで果てた人物であることも、方言ヒーローたり得る欠かすことのできない条件であることを指摘できます。それゆえ、初代内務大臣[★12]などを務めた大久保利通は、西郷同様に薩摩出身でありながらも従来方言キャラとして造形されにくかったと言えるのです。

新島八重をヒロインとする『八重の桜』は、大河ドラマでは数少ない女性主人公ものであると同時に、二〇一三年度前期放送の朝ドラ『あまちゃん』（宮藤官九郎脚本）同様、東日本大震災復興応援ドラマという側面をもつもので、多くの会津弁キャラを描き分けるために男女両性含む複数の「会津ことば指導」体制下において、すべての回に「会津弁」が登場しました。新島八重が方言ヒロインとして造形されたのは、『八重の桜』という作品がこのように特異な立ち位置の時代劇として制作されたものであったことによると言えるでしょう。

一方、幕末維新期ものだが非方言主人公の登場する大河ドラマにおいても「方言指導」が付いていることは、何を意味しているでしょうか。それは、一九八〇年代以降に制作された幕末維新期以外を舞台とするものを含むほとんどの作品に「方言指導」が付いていることも加味すると、時代劇における「方言

★11　二〇二一年放送の大河ドラマ『青天を衝け』（大森美香脚本）では、非武士を出自とする主人公である渋沢栄一に「ことば指導」の付く「武州ことば」が与えられている。首都圏方言に方言指導が付いたという点、新しい試みと言える。

★12　旧内務省の長官。時の内閣において総理大臣に次ぐ大きな権限をもつ重要なポスト。

指導」の大半は、それらの作品に登場する非主人公の台詞に対する「方言指導」であることを示すものと言えるでしょう。ここが、「方言ヒロイン」を多数輩出している、主として現代を舞台に女性一代ものを描く朝ドラとの大きな違いです。

次章では、リョウマや西郷さんとは異なる属性をもつ勝海舟が、なぜ方言ヒーローとして造形されたのか、その背景を読み解きます。

Column 2

そして「寧」は、「方言キャラ」に

歴史ドラマに登場する戦国武将は基本、方言キャラとして造形されません（第2～第4章参照）。しかし、戦国時代ものにおいても方言キャラとして造形されることの多い登場人物がいます。それは、歴代NHK大河ドラマにも何回も登場した豊臣秀吉の妻おね／ねね／寧《ねい》です。

大河ドラマで最初に「尾張弁キャラ」として描かれたのは、『黄金の日日』（城山三郎原作、市川森一・長坂秀佳脚本、一九七八年）に脇を固める形で登場する「ねね」（十朱幸代）です。ひたすらに豊臣家の安泰を願う天真爛漫な人物として描かれています。それゆえに第一一回「珊瑚珠無情」の初登場シーンから第四八回「暗黒航路」における最終シーンまで、一貫した「尾張弁キャラ」として造形されたのだと想像されます[1]。

（対　酔ってからんできた南蛮人）

離いてちょー、わたしは湯女じゃにゃー

（『黄金の日日』第一一回「珊瑚珠無情」）

（内言　対　死んだ秀吉）

豊臣の花は一輪でええ。おみゃーさまとわたしの二人で育てた豊臣のダャーリン（大輪）だら、ほんに見事に咲いた。あとは、自然の摂理に任せて枯れてくならば、それでもええ。一輪かぎ

山田芳裕『へうげもの⑪』128頁（モーニングKC、講談社、2010）© 山田芳裕／講談社

りで未練はねえ

（『黄金の日日』第四八回「暗黒航路」）

また、ほかの場面では、秀吉（この場面ではまだ木下藤吉郎ですが……）が信長からの命のままに比叡山を焼き、逃れてきた人々も一人残らず殺せと配下に伝えるさなかに登場したねねの「おみゃーさま！」という「尾張弁」の台詞をきっかけに、秀吉は、「尾張弁」にコード切り替えすると同時に、逃れ来る人々を見逃す決心を下します。「武将・秀吉」の武士ことばから「人間・秀吉」の「尾張弁」というコントラストがはっきりしています。

『黄金の日日』の「ねね」同様、『へうげもの』（山田芳裕、『モーニング』講談社、二〇〇五～二〇一七年）に登場する「おね」も、やはり一貫した「尾張弁キャラ」として描かれます。戦に明け暮れ、天下統一を目指す男たちの政治的思惑からは距離を置き、やはり豊臣家の安泰を願うのと同時に、常に陽性なスタンスでいようとする人物という設定です。

（対　おせん〔古田織部の妻〕）

そぎゃーな事で　落ちこんどったら　あたしなんか　自害せないかんがねっ／若い頃の殿下と
きたら　そりゃー　もう浮気ばっかりで……／止めたってちょーと　信長様に直訴した程だでっ

（『へうげもの⑪』一二八頁）

『黄金の日日』の「ねね」も、『へうげもの』の「おね」も、非政治性のマーカーとして「方言」が用いられており、幕末維新期に登場するキャラが「方言キャラ」として描かれるための条件である「地方出身・男性・低位・在野」とは事情が異なることがわかります。

一方、『黄金の日日』のあとに放送された、主人公として登場する『おんな太閤記』（橋田壽賀子脚本、一九八一年）の「ねね」（佐久間良子）は、物語の筋を運び、視聴者の自己仮託を助けるために主人公格は「共通語」を用いるという「役割語セオリー」(2)に則り、次のような一貫した丁寧な共通語キャラとして造形されています。

（対 母と妹やや）
今川方とは思えませぬ。東側に向かっております。
清洲を出て、今川方を迎え撃たれるご所存かも知れません。

（『おんな太閤記』第一回「出会い」）

（対 幻の秀吉）
わたくしは、お前さまのおかかになったことを悔いたことはございません。何度生まれ変わろうと、またお前さまと添いとうございます。ただ、ただ、今度お会いする時は、戦のない世の中でお会いしとうございます。

（『おんな太閤記』第五〇回「平和への道」）

寧（『真田丸』）を演じる鈴木京香

脇役と主役という立ち位置の違いもありますが、「おね」「ねね」は、リョウマ・西郷・海舟の三大幕末方言キャラのようにほぼ固定的な方言キャラというところまでは浸透していないことがわかります。

二〇一六年放送の大河ドラマ『真田丸』（三谷幸喜脚本）に登場する「寧」（鈴木京香）は、当初共通語キャラという設定であったところ、以下のような理由で一貫した「尾張弁キャラ」に変更されたという同作プロデューサー[3]の証言があります。

『真田丸』（二〇一六年放送）の鈴木京香さんが演じた寧《ねい》の役は、実はもともとは尾張弁にするつもりではありませんでした。三谷幸喜さんも、最初は他の役と同じように標準語にするつもりで、京香さんには尾張弁は練習しなくてよいですと言っていたんですよ。ところが三谷さんと物語を作っていくうちに、やはり寧は尾張弁にしたほうがよいという話になってきました。彼女は自分が居たい場所が決して大坂城ではないという人。本当なら大坂に出てこなくても良かったし、故郷で家族と幸せに暮らせれば、それでよかったのではないかと。そんな自分自身と、いま置かれている状況とのギャップみたいなものに彼女はずっと悩み続けるんですよね。そのせいで、愛情はあるのに甥の小早川秀秋の扱いに失敗したりもするという、決して「天下人の理想の妻」ではない、業を背負った人物として描いていったんですけれども、寧がそういう人物なら、最後までお国ことばがまったく抜けていない方が断然効果的だということに気付きました。「やっぱり尾張弁で」とお伝えした時には、京香さんは驚いていましたが、狙いをすぐに理解して、とても積極的に取り組んでくださいました。結果として、とても人間的で新鮮な魅力のある寧像ができあがったと思います。

（『時代劇・歴史ドラマは台詞で決まる！——世界観を形づくる「ヴァーチャル時代語」』七六−七七頁(4)）

『真田丸』における秀吉は、「尾張弁」と「共通語」（右の引用では「標準語」）のコード切り替えを伴うキャラとして造形されていました。これは、秀吉が天下人として振る舞う際は「共通語」、家庭人として寧に寄り添うモードのときは「尾張弁」という基本ルールを設けたのだそうです。相手・場面・内容で、用いることばを変えること（コード切り替え）は、リアルな言語生活では普通のことで、ドラマの台詞にそのリアルにおけるコード切り替えが「移植」されている例と言えるでしょう。

コンテンツ類に登場するキャラクターの台詞造形には、さまざまな要因が働いており、事実かどうか、リアルに近いかどうかとはまた別の意味を読み取るべきものだ、ということです。

注

（1）大河ドラマから引用する台詞はＮＨＫオンデマンドで配信の当該回を視聴し、筆者が文字起こしをしたもの。

（2）「コラム1」参照。
（3）吉川邦夫氏（NHKエンタープライズ　エグゼクティブ・ディレクター［当時］）。
（4）田中ゆかり・金水敏・児玉竜一編著『時代劇・歴史ドラマは台詞で決まる！——世界観を形づくる「ヴァーチャル時代語」』（笠間書院、二〇一八）

第４章

勝海舟はなぜべらんめえキャラなのか

勝海舟〔E・サトウ旧蔵写真アルバム〕
（1868 年頃）（横浜開港資料館所蔵）

明治維新一五〇年を意識した二〇一八年放送のNHK大河ドラマ『西郷《せご》どん』では、後半スタートに位置づけられる第二六回（二〇一八年七月一五日放送）のタイトルは、「西郷、京へ」。この回の冒頭では、岩倉具視、坂本龍馬、勝海舟といった幕末維新期ものには欠かせない登場人物がそろい踏み、しかもそれぞれが「京都弁」、「土佐弁」、べらんめえ口調の「江戸弁キャラ」として登場します。同回のオープニングクレジットロールに示された「ことば指導」を抜き出すと次の通りです。その充実ぶりは視聴者に向けての「佳境フラグ」と言っていいでしょう。

薩摩ことば指導：迫田孝也・田上晃吉
京ことば指導：井上裕季子
土佐ことば指導：岡林桂子
長州ことば指導：翼純子
会津ことば指導：河原田ヤスケ
宇和島ことば指導：古川伴睦

第3章では、時代ものにおいて方言ヒーローたり得るためには、幕末維新期もの、そして地方出身の身分の高くない男性であること、さらに加えるとするならば、現状打破の志を抱く人物であることがその条件であることを見てきました。大河ドラマにも「方言指導」が導入されるなど、「ドラマ方言」にリアルさを求める気運が高まった一九八〇年代以前から、方言キャラとして造形されたリョウマ・西郷といった「鉄板」の方言キャラからは、明治維新後の中央集権制度に与することなく、志半ばで果てた人物であるということも、方言ヒーローたり得る大きな条件であることが読み取れます。本章では、幕末維新期の三大方言ヒーローのうち先に述べた条件に当てはまらない勝海舟に注目します。[★1]

三大幕末方言ヒーローを比較する

幕末維新期ものの山場といえば、「江戸城無血開城」です。このエピソードに関連するドラマの主要登場人物は、リョウマ・西郷・勝海舟の三人です。この三キャラは、ドラマの主人公であっても、非主人公であっても、基本的には方言キャラとして造形されてきています。大河ドラマの幕末維新期ものにおけるリョウマ・西郷・勝の三キャラについて、作品内の立ち位置とそれぞれのキャラに与えられた言語変種を示した**表4-1**から、そのドラマ的事実が読み

★1　田中ゆかり「映像メディアにおける方言活用」（半沢康・新井小枝子編『実践方言学講座　第一巻』くろしお出版、二〇二〇）

表 4-1　大河ドラマにおける三大幕末方言ヒーローの作品内立ち位置と使用言語変種

放送年	タイトル	坂本リョウマ	西郷隆盛	勝海舟
		土佐弁	薩摩弁	べらんめえ口調の江戸弁
1967	三姉妹	△	—	(未確認)※
1968	竜馬がゆく	◎	(未確認)	(未確認)
1974	勝海舟	○	○	△→◎
1977	花神	○	○	—
1990	翔ぶが如く	○	◎	○
2004	新選組！	○	○	○
2008	篤姫	○	○	△
2010	龍馬伝	◎	○	○
2013	八重の桜	(セリフなし)	○	△／○
2015	花燃ゆ	○	○	—
2018	西郷どん	○	◎	○

凡例　◎: 方言主人公、○: 方言サブキャラ、△: 共通語キャラ、(未確認): NHK アーカイブス等によって確認できず、—: 登場せず、(セリフなし)

取れます。

方言大河ドラマのエポックメイキング作品である『竜馬がゆく』（一九六八年）以降は、これら三キャラは、勝海舟がまれに共通語キャラとして登場することがあることを除くと、主人公であれサブキャラであれ、方言キャラとして造形されていることが認められます。

異質の方言キャラ——勝海舟

先にも見た通り、リョウマ・西郷は方言ヒーローの条件をすべてクリアしているのに対し、勝海舟は地方出身ではない（江戸生まれの江戸育ち）ばかりでなく、親の代は小身の旗本ではありますが、幕府の重臣として活躍するなど身分は低いとは言えません。つまり、幕末方言ヒーローの条件には合致しないもの

図4-1　勝海舟。咸臨丸での太平洋横断後、サンフランシスコにて撮影（1860年）

図4-2　明治期の勝海舟（『近世名士写真　其2』近世名士写真頒布会、1935年、国立国会図書館蔵）

を含んでいる、ということです。
それにもかかわらず、海舟が方言キャラとして造形されることが多い理由は、何でしょうか。最終的には想像の域を出ないのですが、海舟の父・勝小吉による自伝『夢酔独言』（一八四三年）、そして海舟自身の談話を集めたとされる『氷川清話』（一八九七年）における「語り口調」が、以下に示すようなべらんめえ口調の「江戸弁」であったことによると思われます。

おれほどの馬鹿な者は世の中にもあんまり有るまいとおもふ。故に孫やひこのために、はなしてきかせるが、能く〳〵不法もの、馬鹿者のいましめにするがいゝぜ。

（勝部真長編『勝小吉自伝　夢酔独言』平凡社、一九七四年）

おれが初めて西郷に会つたのは、兵庫開港延期の談判委員を仰せ付けられるために、おれが召されて京都に入る途中に、大坂の旅館であつた。その時、西郷は御留守居格だつたが、轡《くつわ》の紋の付いた黒縮緬《ちりめん》の羽織を着て、なか〳〵立派な風采《ふうさい》だつたヨ。

（勝海舟全集刊行会編『勝海舟全集21　氷川清話』講談社、一九七三年）

どちらも自称詞は「おれ」、父・小吉は「〜ぜ」、息子・海舟は「〜よ」と、江戸弁でいうところのずいぶんと「ざっかけない（ざっくばらんな）」口調です。『夢酔独言』や『氷川清話』の「口調」が、一九七四年放送の大河ドラマ『勝海舟』の原作における海舟の「口調」に影響を与えたというのは、あながち勝手読みとは言えないように思います。というのも、原作の子母澤寛『勝海舟』の解説において尾崎秀樹が以下のようなことを述べているからです。

〔著者注：子母澤寛の祖父で彰義隊に入り、五稜郭の戦いにも参加した元御家人の〕梅谷十次郎は、勝小吉の文章そっくりな口調でものをいったという。その調子は、そのまま作品『勝海舟』や『父子鷹』『おとこ鷹』の中の勝小吉の語り口となり、勝麟太郎の気質に移されたに違いない。

（『勝海舟　第六巻　明治新政』新潮社、一九六五年）

このようなことを踏まえ、大河ドラマ『勝海舟』（一九七四年）では海舟は、

勝海舟：おめえらの人相がよくないからでンしょう。

（第一九回「大獄」、海舟役：松方弘樹）

勝海舟（『西郷どん』）を演じる遠藤憲一

のようなべらんめえ口調の「江戸弁キャラ」として登場します。

「～デンショウ／～デンス」は、『勝海舟』に独特の文末表現ですが、これ以降大河ドラマでは、『篤姫』（二〇〇八年）に登場する海舟が共通語キャラであったことを除くと、勝海舟はなべてべらんめえ口調の「江戸弁キャラ」として造形されるようになったのです。

『西郷どん』（二〇一八年）に登場する遠藤憲一演ずる海舟も、べらんめえ口調の「江戸弁」で登場します。小栗旬演ずる龍馬とのやりとりではじまる海舟初登場シーン（第二六回「西郷、京へ」）は、次のようなものでした（筆者の聞き取りと文字起こしによる）。

勝海舟： うぇー、いーかげんにしねぇか。へたくそでみちゃいられねぇ。

坂本龍馬： まーた、叱られたぜよ。

海舟：で、龍馬、おめぇさんが会いてぇって女は、どこの女だ。江戸か京か？

龍馬：薩摩です。女じゃのーて、男です。勝先生、知りませんのか？　西郷吉之助。

海舟：サイゴー？　何やった男だよ？

龍馬：いゃ、まだ、なんちゃーしちゃーせん。五年もシマに流されちょったきー。

海舟：まてよ、サイゴー。そー言えば、聞いたことがあるなぁ。薩摩の斉彬殿と話したときにちらっとその名を……。

「江戸弁キャラ」には方言指導が付かない

幕末維新期の方言ヒーローとして、勝海舟には他のヒーローとは異なるところがもう一つあります。大河ドラマでは、『竜馬がゆく』を除くリョウマ・西郷には「方言指導」が付いていますが、勝海舟のべらんめえ口調の「江戸弁」には、一貫して「方言指導」は付いていません。『西郷どん』もこの例に漏れません。これは、現代もの・時代ものを問わず、首都圏方言には原則「方言指導」が付かないことへの倣いです。★2

★2　二〇二一年放送の『青天を衝け』（大森美香脚本）では、この「倣い」を打ち破り、「江戸ことば指導」（柳亭左龍）と「武州ことば指導」（新井小枝子、現場指導：千葉誠太郎・吉田重行・富田エル）が付いた。同作は現在の埼玉県深谷市出身の渋沢栄一を主人公に据えた非江戸・非武士の立場から幕末維新期を描くものである。「武州ことば」は、主人公とその郷里の人々とその郷里を、非江戸・非武士として特徴づけるためのツールと言える。リアルさの担保として同域をフィールドとする方言研究者と、撮影現場における演出的指導を行う「現場指導」という手厚い体制をとったと想像される。同作は、大河ドラマと朝ドラにおける「ことば指導」のレパートリーに「江戸ことば」や首都圏方言が追加されていくエポックメイキングな作品となるかも知れない。「江戸ことば」の指導者は、千葉県出身の落語家（落語協会サイト

勝海舟（『篤姫』）を演じる北大路欣也

ちなみに、『西郷どん』では、松田翔太演ずる一橋慶喜が町人「ヒー様」に身をやつすシーンを中心に、べらんめえ口調の「江戸弁キャラ」として登場します。しかし、その場合においても、やはり江戸ことば指導は付きません。

勝海舟が共通語キャラとして登場することがあるのも、江戸弁・首都圏方言に対する「指導」意識の薄さの反映と見ることもできますし、演ずる役者のイメージとも見ることもできそうです（表4-2参照）。海舟がべらんめえ口調の「江戸弁キャラ」としてはじめて登場した『勝海舟』後唯一の共通語・海舟を演ずるのは、二〇〇八年放送の『篤姫』に登場する北大路欣也です。どことなく飄々とした印象のある他の海舟役者と比べると、重々しさが漂う……と感ずるのは、筆者の「個人の感想」でしょうか……。

レアキャラ・方言武将

大河ドラマにおける方言ヒーローが幕末ものに乱れ咲く理由は、おおむねこ

https://rakugo-kyokai.jp/variety-entertainer/member_detail.php?uid=161）。なお、『龍馬伝』（二〇一〇年）以降の幕末維新期ものらしく、『青天を衝け』では、「江戸」「武州」に加え、「信州」「水戸」「京」「土佐」「薩摩」「長州」「備中」「会津」と一〇の地域方言と、「英語」「オランダ語」「ロシア語」「フランス語」の四言語に「ことば指導」が付いている。（同番組特設サイト https://www.nhk.or.jp/seiten/about/ より）

表 4-2　三大幕末方言ヒーローを演ずる役者と使用言語変種（◎は主人公）

放送年	タイトル	三大幕末方言ヒーローの役者と使用言語変種		
		坂本リョウマ	西郷隆盛	勝海舟
1967	三姉妹	中村敦夫（共通語）	—	内藤武敏（未確認）
1968	竜馬がゆく	◎北大路欣也（土佐弁）	小林桂樹（未確認）	加東大介（未確認）
1974	勝海舟	藤岡弘（土佐弁）	中村富十郎（薩摩弁）	◎渡哲也（共通語）［病気のため第 10 回以降、主演を交代］ ◎松方弘樹（べらんめえ口調の江戸弁）
1977	花神	夏八木勲（土佐弁）	花柳喜章（薩摩弁）	—
1990	翔ぶが如く	佐藤浩市（土佐弁）	◎西田敏行（薩摩弁）	林隆三（べらんめえ口調の江戸弁）
2004	新選組！	江口洋介（土佐弁）	宇梶剛士（薩摩弁）	野田秀樹（べらんめえ口調の江戸弁）
2008	篤姫	玉木宏（土佐弁）	小澤征悦（薩摩弁）	北大路欣也（共通語）
2010	龍馬伝	◎福山雅治（土佐弁）	高橋克実（薩摩弁）	武田鉄矢（べらんめえ口調の江戸弁）
2013	八重の桜	柾賢志（セリフなし）	吉川晃司（薩摩弁）	生瀬勝久（共通語＋べらんめえ口調の江戸弁）
2015	花燃ゆ	伊原剛志（土佐弁）	宅間孝行（薩摩弁）	—
2018	西郷どん	小栗旬（土佐弁）	◎鈴木亮平（薩摩弁）	遠藤憲一（べらんめえ口調の江戸弁）

新島八重(『八重の桜』)を演じる綾瀬はるか

こまで述べてきたようなことによります。幕末維新期ものは時代ものの中では相対的に現代に近く、遠い時代設定のドラマに比べより身近に感じやすいだろうということ、そもそも近世という時代そのものが現代の地域方言的特徴と方言意識の対立の基礎を形づくったものであること[★3]も、幕末ものに方言ヒーローが登場しやすい理由として付け加えることもできるように思います。

★3 金水敏『ヴァーチャル日本語 役割語の謎』(岩波書店、二〇〇三)

ゆえに、天下取り物語に登場する戦国武将の地方方言キャラは、いまだレアな存在であるわけです。

とは言いながら、時代劇のベース言語が現代語化しているために、かつてほどのヴァーチャル言語の障壁はなくなりつつあり、方言キャラが登場しやすい土壌が整いつつあります。それに加え、こんにちは、大河ドラマに「名古屋弁」の戦国武将の登場が要請されるような方言プレスティージの時代です。

「名古屋ことば　大河ドラマで使って　河村市長、NHKに要望」
（二〇一四年九月二六日・朝日新聞［名古屋］）

このような記事を見ると、それほど遠くない将来に、戦国時代を舞台とした天下取りを描く大河ドラマの主役としての方言武将キャラが登場してくるかも知れません。一方、大河ドラマにおける一作を通じての方言ヒロインは、幕末維新期に限らず、今のところ『八重の桜』（二〇一三年放送）の新島八重ただ一人です。八重タイプの方言ヒロインが今後定着、あるいは新しく生まれてくるかどうかは、「土佐弁ヒーロー・リョウマ」を決定づけた『竜馬がゆく』のような起爆力をもつコンテンツの登場を待つことになりそうです。

Column 3

初の信長「方言キャラ」小説？――『下天は夢か』

時代劇・歴史ドラマの主人公格の登場人物は、基本的に共通語キャラ、または「まろ～おじゃる」式の平安貴族キャラや、「さよう、しからば～でござる」式の武士ことばキャラ、「わらわ～じゃ」式のお姫様ことばキャラに代表されるようなヴァーチャル時代語キャラ[1]として造形されることが多いということを第2章から第4章で見てきました。

時代ものには、まず「過去」という時代設定を表現するためのヴァーチャル時代語が基層を成すコンテンツが多く、現代を舞台とするコンテンツより、仮想の階段をすでに一つ上った状態にあるため、そこに地域差を表現するためのヴァーチャル方言を加味すると、仮想の階段を最低でも二段上ることになるため、コンテンツの受容の妨げとなるからです。

そのため、三大幕末方言ヒーローの坂本リョウマ、西郷隆盛、勝海舟はむしろ例外的で、一方、豊富なコンテンツ量を誇る三大戦国武将の織田信長、豊臣秀吉、徳川家康は、いわば時代劇・歴史ドラマの王道として方言キャラとして登場しにくかったというわけです。中でも、信長はもっとも方言キャラとして造形されることの少ない登場人物と言えるでしょう。

近年方言キャラが登場することの多くなった宝塚歌劇団の舞台においても、リョウマ・西郷・勝は方言キャラ、信長は非方言キャラとして登場します。以下にいくつか例を示します。

『維新回天・竜馬伝！　―硬派・坂本竜馬Ⅲ―』

（作・演出：石田昌也、二〇〇六年宙組・宝塚大劇場公演）

〔竜馬：貴城けい、勝：立ともみ、西郷：寿つかさ〕

【第一場A　回想・竜馬慕情】

西郷：お竜さー、今日は坂本さーの命日、オイドンらは坂本さーの墓に線香ばあげに行く途中ですたい

（中略）

勝：泣いちゃいけねーよ、あんだは日本一陽気な男、坂本竜馬の女房だったんだ

【第二場A　風雲に生きる】

竜馬：わしが土佐ン坂本じゃ、よろしゅうたのむぜよ！

（『ル・サンク』八七[2]）

『NOBUNAGA〈信長〉―下天の夢―』

（作・演出：大野拓史、二〇一六年月組・宝塚大劇場公演）〔信長：龍真咲〕

【第一場　桶狭間】

信長（対 前田利家）：邪魔になれば斬る。儂から離れるな

信長（対 帰蝶）：帰蝶。私にはもう見えてしまったのだ。見えてしまった以上、最早おさえる事は敵わない

信長（対 今川義元）：尾張の大うつけよ

【第五場 清洲城】

信長（対 家中の女たち）：…尾張に参ったのは久しぶりじゃ

（『ル・サンク』一七五）

このような流れの中において、バブル経済絶頂期の一九八九年に単行本が刊行され、同年のベストセラーとなった『下天は夢か』（津本陽、日本経済新聞、一九八六〜一九八九年）に登場する信長の台詞はところどころ「尾張弁」となります。ただし、「尾張弁」は、信長の本音や内言、身近な者との会話などに現れるに過ぎず、物語の筋を運ぶ台詞に限らず突然、「わし〜じゃ」式のヴァーチャル時代語の武士ことばとなるシーンも少なくありません(3)。

信長初登場シーンの父・信秀の今際の際の座における内言寄りの独り言「ここなあちゃ坊主が、肝《きも》の小さきことを思いおって」や、兄・信光に対する「しかし、世を去る親の望みを叶《かな》えぬのは不孝だがや。これより末盛へお移しいたそう」（『下天は夢か 一』「五つ木瓜」角川文庫、KADOKAWA、二〇〇八年）など冒頭から「尾張弁」で登場するため、信長が方言キャラとして造形された初の小説と指摘されることもあります(4)。

しかし、同作は、信長を方言キャラとして造形しているというよりも、時代小説のベースとなるヴァーチャル時代語にところどころにヴァーチャル尾張弁を取り込み、それにより「ご当地性」を演出するタイプの作品と言えそうです。連載時期が「地方の時代」の呼び声の高かった一九八〇年代であるということと関わりがありそうです。

二〇〇八年に刊行された文庫版に対するブックレビューのコメントでは、以下のように同作に取り入れられた「尾張弁」を評価する声があるのと同時に、「読みづらかった」という声もあり、時代ものにヴァーチャル方言を取り込み、コンテンツ受容者に定着させるのはなかなか難しいものであるということがわかります。

読書メーター『下天は夢か　一』（角川文庫）（https://bookmeter.com/books/413477）

・尾張訛りも結構面白い。
・信長や秀吉のセリフなどは尾張訛りで書かれているが慣れていないので少し読みづらかったり。
・総じて難解な文体・方言に戸惑いながらも、徐々に慣れて楽しめるようになりました。
・ネイティブでもびみょうな名古屋弁
・それと尾張弁？　信長はじめ登場人物のセリフはいわゆるお国ことばですすむのだ。慣れるまで読むペースがつかめず苦戦した。

二〇一九年に放送された信長が主人公のテレビアニメ『胡蝶綺～若き信長～』（ＴＯＫＹＯ　ＭＸ他放送）でも、信長にはところどころ「尾張弁」が与えられて

津本 陽『下天は夢か 一』（KADOKAWA/角川文庫、2008）

織田信長（『麒麟が来る』）を演じる染谷将太

います。しかし、基本はやっぱり「見ていてくれ、俺が織田家を守るのを」式の共通語です。また、信長の「尾張弁」についても、方言指導が付いたわけではなく、その塩梅は、信長の声を担当する声優に委ねられたということで[5]、ちょっとした味付けとしての「尾張弁」で、「尾張弁キャラ」化したとまでは言えなさそうです。

さて、二〇二〇年放送のNHK大河ドラマは、明智光秀が主人公の『麒麟がくる』（池端俊策・前川洋一・岩本真耶・河本瑞貴脚本）です。染谷将太演ずる信長は、「たわけ」のような有名な「尾張弁」を最小限に部分採用する時代がかった武士ことば寄りの共通語キャラとして造形されているようです。初登場とそれに続く回の台詞（筆者の聞き取りによる文字起こし、傍線も筆者）を見てみましょう。

（対 領地の人々）
［自身の釣りあげた魚を浜でぶつ切りにして］
一切れ一文じゃ。市にもっていけば、高く売れるぞ。

（『麒麟がくる』第八回「同盟のゆくえ」）

（対 輿入れしてきた初対面の帰蝶）
嫁いでくるのはマムシの娘と聞いていた。いかな蛇女と思うたが、いらぬ心配だったようじゃ。

わしは、織田三郎信長。この城の主じゃ。

（中略）

よいか、わしはそういうたわけた話を信じているわけではない。

（『麒麟がくる』第九回「信長の失敗」）

戦国時代を舞台とする『麒麟がくる』では、オープニングクレジットロールにも、特設サイト上のスタッフ一覧にも、時代考証から「貝合わせ指導」まで、考証・指導はずらりと並びますが、「ことば指導」が明示されません。オープニングクレジットロールに「ことば指導」が明示された初の大河ドラマ『獅子の時代』（幕末維新期もの、山田太一脚本、一九八〇年）以来『麒麟がくる』までに放送された戦国時代を舞台とするものは、一五作。うち、オープニングクレジットロールに「ことば指導」の付かないものは九作品です。一五作の作品名と放送年、調査回、ことば指導の有無は次の通りです。[6]

『おんな太閤記』（一九八一年、第一回、無）

『独眼竜政宗』（一九八七年、総集編一〜五、無）

『武田信玄』（一九八八年、第一回、京言葉指導、甲州弁指導）

『信長 KING OF ZIPANGU』（一九九二年、総集編二、名古屋弁指導、ポルトガル語指導、公家言葉指導）

『秀吉』（一九九六年、総集編第一部、無）

『毛利元就』（一九九七年、総集編第一部、無）
『利家とまつ　加賀百万石物語』（二〇〇二年、第一回、尾張ことば指導）
『功名が辻』（二〇〇六年、第一回、無）
『風林火山』（二〇〇七年、第一回、御所ことば指導、京ことば指導、山梨ことば指導）
『天地人』（二〇〇九年、第一回、無）
『江〜姫たちの戦国〜』（二〇一一年、総集編第一章、無）
『軍師官兵衛』（二〇一四年、総集編前後編、京ことば指導、朝鮮語指導）
『真田丸』（二〇一六年、第一回、無）
『おんな城主　直虎』（二〇一七年、第一回、遠州ことば指導）
『麒麟がくる』（二〇二〇年、第一回、無）

戦国時代ものは、幕末維新期ものに比べると「ことば指導」の付かないことが多いものの、二〇〇〇年代に入ると舞台となる地域の「ことば指導」が付く傾向が高まっていることがわかります。これは、時代劇・歴史ドラマの現代語化によるものでしょう（第3章、第4章参照）。

注

（1）金水敏編『〈役割語〉小辞典』（研究社、二〇一四）、田中ゆかり・金水敏・児玉竜一編著『時代劇・歴史ドラマは台詞で決まる！——世界観を形づくる「ヴァーチャル時代語」』（笠間書院、二〇一八）参照。

（2）宝塚クリエイティブアーツ発行の宝塚大劇場公演初日から約二週間後に発行されるステージ写真集。脚本も掲載される。本書に引用する宝塚の台詞は『ル・サンク』掲出の脚本を主とする。引用の際は掲載号を示す。掲載号がない場合は、筆者自身による舞台・DVDからの文字起こしである。

（3）たとえば、父・信秀に対する信長の台詞「かしこまってござる。父上のご訓戒、けっして忘れませぬ」など（津本陽『下天は夢か　一』「五つ木瓜」角川文庫、KADOKAWA、二〇〇八）。

（4）津本陽はインタビューで「私の頭の中にある信長には、共通語をしゃべらせたくなかった。それでは軽くなってしまうと思ったんです」と語っている（二〇〇六年八月三一日・読売新聞「新 日本語の現場 方言の戦い77 信長は尾張弁を話した⁉」）。

（5）「僕も最初、方言監修がつくのかなと思っていたんですけど、現在の言葉とも違う当時の表現なので、僕にお任せされてしまったようで楽しく、それっぽく（笑）。僕、方言キャラを演じるのが今回初めてで。名古屋の友達がいたので、こんなイントネーションだったなと思い出したり、アレンジを加えて。」（織田信長役・小林裕介の発言。アニメイトタイムズ「夏アニメ『胡蝶綺～若き信長～』小林裕介さん&内田雄馬さんインタビュー！」より。https://www.animatetimes.com/news/details.php?id=1559807769）

（6）田中ゆかり・金水敏・児玉竜一編著『時代劇・歴史ドラマは台詞で決まる！――世界観を形づくる「ヴァーチャル時代語」』（笠間書院、二〇一八）所収の巻末付録調査時に第一回放送の視聴ができなかったものと放送前であった作品については、NHKオンデマンド配信による調査（二〇二〇年八月実施）を行った。その結果、同書付録調査と多少の異動がある。なお、人物紹介を主とする第一回放送または総集編を中心に調査したものなので、他の回では別の「方言指導」が付くケースもある。

第5章

更新される『ライオンキング』のご当地方言キャラ

「心配ないさ」と歌うシンバと、ティモン・プンバァ（撮影＝阿部章仁）　©Disney

日本初演から二〇二一年一二月で二三周年を迎える劇団四季によるミュージカル『ライオンキング』。総公演回数は日本演劇史上初の一万三〇〇〇回以上、総入場者数は一二〇〇万人を超える同作の舞台（二〇二一年八月現在）を、ご覧になった方もいらっしゃるのではないでしょうか。

「生命の連環」というテーマを扱う同作が、これほど長期にわたり広く受け入れられてきた背景には、パペットや影絵を使ったユニークで斬新な演出や、俳優たちの磨き上げられた演技や歌唱、ダンスなどさまざまな要因があると考えられます。

本章では、同作の人気を支える要因の一つとして、同作に登場する歌って踊るご当地方言キャラとその台詞に着目します。

「方言キャラ」のティモンとプンバァ

『ライオンキング』（ディズニー・シアトリカル・プロダクションズ）は、一九九四年に公開されたディズニーの長編アニメーション『ライオン・キング』を原作とするミュージカルです。一九九七年に米国ニューヨークで初演され、日本では劇団四季によって一九九八年の東京公演を皮切りに、大阪・福岡・名古屋・

札幌の計五都市で上演されています。

『ライオンキング』は、幼い王子が試練を乗り越え立派な王となり、「生命の連環」を次代へつなぐまでの成長譚《たん》です。主人公は、アフリカの広大なサバンナにある動物たちの王国であるプライドランドの子ライオン・王子シンバ。シンバは、父王ムファサの王位を狙う叔父スカーの策略にはまり、父王ムファサは命を落とします。その結果、王国は叔父スカーのものとなり、同時にシンバは父王の死を自身の過失によるとスカーに思い込まされ、故郷を捨てます。放浪と煩悶《はんもん》の旅の中で、シンバは瀕死《ひんし》の状態に陥りますが、ミーアキャットの

図 5-1
(上) ティモン (撮影＝山之上雅信)
(下) プンバァ (撮影＝上原タカシ)
©Disney

ティモンとイボイノシシのプンバァに救われ、彼らと行動を共にすることになります。

煩悶するヒーロー・シンバを「ハクナ・マタタ（気にするな）」の精神の下、見守る役柄のティモンとプンバァは、四季版では上演各地の「ご当地方言キャラ」として設定されています。

ティモンとプンバァは、米国オリジナル版ミュージカルにおいても「方言キャラ」として設定されています。彼らのしゃべる方言は、初演地ニューヨーク・マンハッタン郊外の「ブルックリン方言」です。物語の中心地であるシンバの故郷・プライドランドのソトで暮らすということを示すために、マンハッタン郊外の「方言」が与えられたと、米国版公演パンフレットには書かれています。

ちなみに、同作を見たことがあるというマンハッタンに暮らす米語ネイティブの大学院生たちに、ティモンとプンバァは「ブルックリン方言」をしゃべっていると知っているか尋ねてみたところ、「なんかぞんざいな若者ことばかな」程度に受け止めていた人ばかりで、「ブルックリン方言」とは気づかなかったという反応でした。

ともかく、米国オリジナル版も四季版でも、ティモンとプンバァが「方言キャラ」として設定されているのは、物語の中心地であるプライドランドの周縁の住人であることを示すためなのですが、彼らが方言キャラとして造形されていることには、それとは別の意味もあるのです。

『ライオンキング』の「方言キャラ」であるティモンとプンバァは、ヒーローの成長を見守るという大切な役目を果たす傍ら、重苦しい場面を明るく照らすトリックスターの役割も担っています。これが、彼らが「方言キャラ」として造形されたもう一つの理由だと思われます。

劇団四季版─日本語ならではの工夫─

四季版の二人の台詞にはさらに日本語ならではの工夫が施されています。一つは、東京・大阪・福岡・名古屋・札幌とそれぞれの上演地の「ご当地方言」が与えられていることです。これは、劇団四季代表であった故浅利慶太氏の「文化の東京一極集中の是正」★1という考えも反映されているのかも知れません。

ご当地方言が用いられているだけでなく、日本語の多様性を活かし、二人の性格の違いがより際立つような工夫も凝らされています。やさしいけれどもちょっと俺様なところがあるツッコミキャラのティモンには男性ジェンダー寄りの、やさしさ余ってちょっぴりおせっかい気味のボケキャラのプンバァには女性ジェンダー寄りの「方言」が与えられています。

公演地ごとの脚本冒頭に示される二人の「方言」の指定、ならびにシンバと

★1 東京山の手教養層のことばとしての戦前の「標準語」やその流れを汲む戦後の「全国共通語」を「東京一極集中」の象徴と捉えるならば、各地の方言をそれに対抗する個性・多様性の象徴と捉えることが可能である。「方言」を演劇に積極的に取り入れることがすなわち「文化の東京一極集中の是正」と捉えられていた可能性が高いと思われる。

二人の出会いの場面で始まる「ハクナ・マタタ」の冒頭シーンと、本来肉食獣のシンバが二人と行動を共にすることを決意したことを示す、幼虫を食べながらプンバァの「方言」をまねる台詞とそれに対するティモンの返しのシーンを公演順にいくつか示します。公演地ごとの違いと、同じ公演地でも上演年による台詞そのものや台詞指定の違いに注目してください。

【東京公演（一九九八年～）】　ティモン「江戸弁」、プンバァ「女言葉」

ティモン：行っちめぇ、このヤロー、こっから出ていけ！

プンバア：ヤッター！　バイバイ、ハゲタカ！　おや、ティモン、こっちにきてよ。まだ生きてるよ。

（中略）

幼いシンバ：ぬるぬるするけど、いける！

ティモン：その調子だ、いいぞ！

【大阪公演（一九九九～二〇〇一年）】　ティモン「河内弁」、プンバァ「京都弁」

ティモン：行け、行きさらさんかい！

プンバア：ヤッター！　さいならハゲタカ！　あれ（ブーブー）、ティモン、ちょっと、ちょっと、こっちきてえな。まだ生きてるわ。

（中略）

幼いシンバ： ぬるぬるするけど、うまいなぁ！

ティモン： その調子や、ええど！

【福岡公演（二〇〇一〜二〇〇三年、二〇〇八〜二〇〇九年）】 ティモン・プンバァ「福岡弁」

ティモン： どけー、どかんかきしゃん、ここば出ていきやーい！

プンバァ： ヤッター！ バイバイ、ハゲタカ！ はら、ティモン、ちょっとこっちに来てんしゃいて。まだ生きとんしゃあよ。

（中略）

幼いシンバ： ぬるぬるするけど、うまか！

ティモン： そん調子たい、よかぜ！

【名古屋公演（二〇〇三〜二〇〇六年）】 ティモン・プンバァ「名古屋弁」

ティモン： 行ってまえ、このヤロー、こっから出てきゃァ！

プンバァ： やったがね！ バイバイ、ハゲタカ！ おや、ティモン、こっちにきてちょう。まんだ生きてリャァすに。

（中略）

幼いシンバ： ぬるぬるするけど、うみゃァ！

ティモン：その調子だ、ええぞ！

【札幌公演（二〇一一〜二〇一二年）】ティモン・プンバァ「北海道弁」

ティモン：あっち行け、こんにゃろ、こっから出てけー！

プンバア：ヤッター！ したっけねー、ハゲタカ！ あら、ティモン、こっちきてみな。まだ生きてるんでないかい。

（中略）

幼いシンバ：ねっぱるけど、うまいっしょ！

ティモン：んだべー、いいぞ！

【大阪公演（二〇一二〜二〇一六年）】ティモン・プンバァ「大阪バージョン」

ティモン：いけー行ってまえー！

プンバア：よっしゃー！ ほなねーハゲタカ。あれ？ なぁティモン、ちょっとこっちきてぇ。まだ生きたはるよー。

（中略）

幼いシンバ：ぬるぬるするけど、めっちゃうまい！

ティモン：ええやん！ その調子や！

【福岡公演（二〇一九〜二〇二〇年）】ティモン・プンバァ「福岡弁」

ティモン：どけ、どかんかきしゃん、ここば出ていかんかー！

プンバァ：ヤッター！　バイバイ、ハゲタカ！　はら、ティモン、ちょっとこっちに来てんしゃいて。まだ生きとんしゃあよ。

（中略）

幼いシンバ：ぬるぬるするけど、うまか！

ティモン：そん調子たい、よかぜ！

米国版ではどこの地域の方言であるか米語ネイティブにもぴんとこないものがあったようですが、いかがでしょうか？

四季版は台詞だけを見ても、どこの「方言」かだいたい想像できるのではないでしょうか。主要なヴァーチャル方言の形式と地域との結びつきが日本語社会では、広く共有されていることを示す事例です。

自称詞・文末表現・定型的なフレーズとアクセント・イントネーションを主とするテレビドラマのヴァーチャル方言より、「濃いめ」のヴァーチャル方言が与えられている点が、同作のご当地方言台詞の特徴です。

先に示した例からもわかるように、「ご当地方言」を巧みに使い地元のファンの気持ちをがっちりつかみつつ、各地バージョンを見てみたい！　というファンの期待もわしづかみにする手法と言えるでしょう。また、ヴァーチャル日本語の多様性を活かし、ジェンダー表現を差し色とすることによって、それぞれのキャラクター性をより際立たせています。

アップデートされる方言台詞

再演に際しては、与えられるヴァーチャル方言がアップデートされている点も同作の巧みなところです。

まずは、先に示した大阪公演の台詞の指定が一九九九年の初演時と二〇一二年の再演時では異なることに注目をしていただきたいと思います。

初演時はティモンには男性イメージの強い大阪方言の一種である「河内弁」、プンバァには女性イメージの強い「京都弁」と、「関西弁」の中におけるイメージの異なる「方言」が与えられていました。しかし、再演時には関西出身の劇団員たちによって構成された「関西弁台本検討委員会」による「大阪バージョン」としてアップデートされています。

この変更の背景には、リアル方言の変化が関係しています。一つには関西圏の「方言」の「広域関西弁化」「大阪化」が進み、地元に住むとくに若い人々の間においても「河内弁」と「京都弁」のことばそのものやそれぞれのイメージの対立が以前ほどは実感を伴わなくなってきたということ[★2]、もう一つは大阪初演版で使用されていたリアル方言に基づく伝統的な俚言《りげん》が急速に失われ、地

★2　中井幸比古編『日本のことば シリーズ26　京都府のことば』(明治書院、一九九七)参照。

元に住む若い人々には理解されにくくなってきたということに関係します。

後者の例としては、大阪初演版ではプンバァの台詞に出てくる「京都弁」の「オイド」という俚言が、再演版の「大阪バージョン」では共通語と同じ語形の「おしり」ということばに置き換えられていることを指摘できます。実際、関西圏における言語調査では若い世代では「オイド」を理解する人が少なくなってきているということが示されています。[★3]「大阪バージョン」の更新は、この実態を肌感覚として反映したものと言えるでしょう。

この大阪公演における初演版から再演版の間に観察される「変更」は、まさにリアル方言の変化がヴァーチャル方言のあり方を変えた例です。

札幌公演新旧対照

近年の札幌と福岡の各再演バージョンにおいても、それぞれ旧版からのアップデートが認められます。以下、それぞれ「ハクナ・マタタ」冒頭部分の新旧台詞を対照してみましょう（台本ベース）。見せ消ち（文字の上に引いた線）が旧バージョン、四角で囲んだ部分がアップデートバージョンです。

まずは札幌公演から見ていきましょう。[★4]

【札幌公演版　新旧対照】

★3　田原広史「V　生活の中のことば」（郡史郎編『日本のことばシリーズ27　大阪府のことば』明治書院、一九九七）、陣内正敬・友定賢治編『関西方言の広がりとコミュニケーションの行方』（和泉書院、二〇〇五）参照。

★4　札幌公演は、二〇一一〜二〇一二年初演、二〇一七〜二〇一八年再演。

ティモン：あっちゃ行け、こんにゃろ、こっから出てけー！
プンバァ：ヤッター！　したっけねー、ハゲタカ！　あら、ティモン、こっちきてみな。まだ生きてるんでないかい。
ティモン：んなすったらモンわかってるーって……なんだべこれ？　わっ！　ライオンだべや。プンバァ、逃げれ早くすれ！
プンバァ：ねえ、ティモン、ライオンのこっこっしょ。ほれ、めんこいし、ひとりぼっちなんだべさ。この子飼わないかい。
ティモン：プンバァ、はんかくさいこと言うなや！　俺ら、ライオンに食われちまうべや。
プンバァ：なんもなんも、ちゃんこいしょや。
ティモン：いやいやすぐでっかくなるべやおがるんだって。
プンバァ：したら、うちらの味方んなるかもしれないしょ！
ティモン：バッカでねえの。俺らの……チョット待て！　わかったわ。あいつが味方んなったらどうなるってさ？　ライオンがお伴っちゅうのは、いいんでないかい。

札幌公演版の新旧対照からは、「おがる（成長する／大きくなる）」という若い世代にはなじみが薄くなった伝統的な俚言や、「すったらモン（そんなもの）」といった少し強い音の変化を含むフレーズが、共通語寄りの「薄め」のヴァーチャル方言に置き換えられていることがわかります。

一方、「したっけね（じゃあね）」、「こっこ（子ども）」「はんかくさい（ばかばかしい）」「ちゃんこい（小さい）」といった現在でも盛んに使われている俚言やフレーズ、「〜だべ」や「〜かい」、音調を下げる「わ」といった文末表現はそのままとなっています。そうそう、第1章でも触れた平昌オリンピックで一躍北海道弁として名を馳せた「そだねー」の「〜だねー」もアップデート版の他の台詞の中でしっかり活用されています。

福岡公演アップデート版

次は福岡公演を見てみましょう。★5

【福岡公演　新旧対照】

ティモン：どけ~~ー~~★6、どかんかきしゃん（貴様）、ここば出て行かんかー~~いきやーい~~！

プンバァ：ヤッター！　バイバイ、ハゲタカ！　はら、ティモン、ちょっとこっちに来てんしゃいて。まだ生きとんしゃあよ。

ティモン：せ~~しぇ~~からしか、解っとったい、そげなこたぁ……何なこら？

★5 福岡公演は、二〇〇一〜二〇〇三年初演、二〇〇八〜二〇〇九年再演、二〇一九〜二〇二〇年三演。新旧対照は、三演と再演の比較。

★6 「どけー」の長音を表す「ー」に見せ消ち有。アップデート版では「どけ」に。

わぃたー！　ライオンたい。プンバァ、はよ逃げるばい。

プンバァ：ティモンて、子供んライオンたい。見てんしゃい。可愛らしかー、ひとりぼっちのごたぁね。こん子飼いたか。

ティモン：プンバァ、こんバカチンが！　おぃたちゃ、ライオンに食われてしまうとばい~~じぇ~~。

プンバァ：こげんこまかとに？

ティモン：太ぉなるったい。

プンバァ：ほんなら、うち~~あたき~~らの味方んなるっちゃないと？

ティモン：こん、ばかたれが。おぃたちん(俺達の)……ちょっと待ってんやぃ！　解ったばい~~じぇ~~。あいつが味方んなるとやったらどげんなるとや？　ライオンが仲間ちゃあ悪なかねえ。こら、お前大丈夫とや？

福岡公演版の新旧対照からは、文末詞「じぇ」が「ばい」に、プンバァの自称詞「あたき」が「うち」に置き換えられていることがわかります。「ばい」は、リアル方言としては若い世代での使用率は低下傾向にあるのですが、その実態とは別にいかにも九州方言らしいヴァーチャル方言として各種コンテンツに登場するものとして、なじみの薄い「じぇ」から置き換えられたものと想像されます。また、「あたき」は女性ジェンダー性の強い、そして少し古めかし

い形式です。それが今風の関西弁由来の全国若者ことば的な「うち」に置き換えられています。★7

「ばい」が強力なヴァーチャル九州方言である例として、二〇一九年七月にFBS福岡放送開局五〇周年記念番組として実写化された「方言萌えマンガ」★8の一つである『博多弁の女の子はかわいいと思いませんか?』★9を挙げておきます。

大阪、札幌、福岡の再演版『ライオンキング』におけるヴァーチャル方言の違いは、リアル方言とリアル日本語社会における方言意識の変化に対応したものです。これらは、リアルとヴァーチャルが互いに影響しあう関係にあるということを端的に示す例と言えるでしょう。

無期限ロングラン中の東京公演も、二〇一七年夏から台詞が少し変更されています。たとえば、旧バージョンで使われていた少々古い印象を与える若者ことば「いかす」が、「かっこいい」に更新されています。

『ライオンキング』が、長く愛される作品である背景には、このような公演地や

図5-2　新島秋一『博多弁の女の子はかわいいと思いませんか?』(『マンガクロス』秋田書店、2016、連載中)

★7　陣内正敬編『日本のことばシリーズ40　福岡県のことば』(明治書院、一九九七)参照。
★8　第10章参照。
★9　新島秋一、WEBコミック配信サイト『マンガクロス』秋田書店、二〇一六年より連載。

キャラクターだけでなく、時代時代に合わせた細やかな台詞のアップデートも、少なからぬ貢献をしていると言えるでしょう。

「何度も見たく」させる工夫

ちなみに、二〇二〇年三月に開幕した名古屋での再演は、新型コロナウイルス感染症の影響でいったんは中止されたものの、同年の七月一五日にはさまざまな感染症対策を講じた上で、公演が再開されました。方言キャラ、ティモンとプンバァの台詞もアップデートされています。たとえば、旧バージョンでは「どえりゃあ」であったものが、部分的に若者ことば寄りの「でら」に置き換えられるなどしています。

同作では、各公演地の「方言」だけでなく、一部シーンに埋め込まれる「見ての聞いてのお楽しみ」の「ご当地あるある」も、更新されることがあります。それらと併せて、どこかで一度見ても「何度も見たく」させる工夫の一つとして、ご当地方言キャラは有効なようです。

【謝辞】
『ライオンキング』の各地版台本調査にご協力くださいました劇団四季のみなさまに、お礼申し上げます。

第６章

方言キャラ in 宝塚

池田理代子『ベルサイユのばら⑪ エピソード編Ⅰ』11頁
（マーガレット・コミックス、集英社、2014年）

第5章では、劇団四季のミュージカル『ライオンキング』に登場する方言キャラ、ティモンとプンバァを取り上げました。本章では、ミュージカルつながりで、宝塚歌劇団（以下、宝塚）の舞台に登場する方言キャラを取り上げます。

宝塚に方言キャラ⁉

宝塚といえば、きらびやかな衣装をまとうタカラジェンヌが繰り広げる華やかなステージが目に浮かびます。宝塚は一度も見たことがない、あるいは宝塚のことはあんまりよく知らない、という人でも、宝塚といえば一九七四年初演の『ベルサイユのばら』的なイメージが脳裏に浮かぶのではないでしょうか。

同作は、池田理代子による同名タイトルの少女マンガ[★1]を原作とするもので、フランス革命期のベルサイユを主な舞台に、男装の麗人オスカルやフランス王妃マリー・アントワネットが歴史に翻弄される姿を描いたものです。

『ベルサイユのばら』といえば、「お……お！　アントワネットさま！」というような台詞がまずは脳裏に浮かびます。きらびやかな宝塚歌劇団の世界観には、翻訳調の日本語から転じた「憧れとしての西洋的なもの」を表象する〈西洋人語〉がよく似合う、というわけです。[★2]

★1　『ベルサイユのばら』（『マーガレット』一九七二～一九七三年連載、マーガレットコミックス全一〇巻、集英社）

池田理代子『ベルサイユのばら②』（マーガレットコミックス、集英社、一九七二）

★2　依田恵美「西洋らしさを担う役割語――「おお、ロミオ！」の文型から」（『語文』七九、大阪大学国語国文学会、二〇〇二）、同「〈西洋人語〉「おお、ロミオ！」の文型――その確立と普及」（金水敏編『役割語研究の地平』くろしお出版、二〇〇七）、同「役割語としての片言日本語――西洋人キャラそんな宝塚に方言キャラ？　と思われる方も少なくないと思いますが、原作付きでない作品においても、二〇〇〇年代上演の和物の幕末維新期ものには、方言キャラはけっこう登場しています★3（役名の前の◎は当該作品の主人公、役名のあとの〔　〕内は配役）。

『維新回天・竜馬伝！　―硬派・坂本竜馬Ⅲ―』
（作・演出：石田昌也、二〇〇六年宙組・宝塚大劇場公演）

【第一場A　回想・竜馬慕情】

西郷隆盛〔寿つかさ〕：勝先生、わしゃ、坂本さーの霊に、どぎゃん詫びたらよかか

勝海舟〔立ともみ〕：竜さんのこった、判ってくれるぜ

【第二場A　風雲に生きる】

◎**坂本竜馬**〔貴城けい〕：わしが土佐ン坂本じゃ、よろしゅうたのむぜよ！
（『ル・サンク』★4八七）

『桜華に舞え　―SAMURAI The FINAL―』
（作・演出：齋藤吉正、二〇一六年星組・宝塚大劇場公演）

クタを中心に」（金水敏編『役割語研究の展開』くろしお出版、二〇一一）参照。

★3 二〇二一年には、南北朝期の戦乱の世を舞台とする『桜嵐記』（作・演出：上田久美子、月組宝塚大劇場）の主要登場人物に「河内弁キャラ」が登場した。河内出身ながら、武士ことばをしゃべる珠城りょう演ずる主人公の楠木正行《まさつら》に対する「武士らしく気取っとるだけ」「ほんまは河内弁べらべらやんな！」というツッコミもあり、登場人物の設定と台詞の関係が非常に強く意識された作品であることがうかがえる（『ル・サンク』二一五）。

★4「コラム3」の注(2)参照（七五頁）。

【第四場　風と太陽と桜島】

西郷隆盛〔美城れん〕：半次郎どん、人を愛しやんせ

◎桐野利秋（通称：中村半次郎）〔北翔海莉〕：人を愛す？

西郷：そして天を敬うっとじゃ

桐野：天を敬う

（中略）

大久保利通〔夏美よう〕：吉之助さぁ

西郷：おう

桐野：おいはこんお方に命ばかけよう、新しか国んために！

（『ル・サンク』一七七）

坂本竜馬（『維新回天・竜馬伝！―硬派・坂本竜馬Ⅲ―』）を演じる貴城けい

桐野利秋（『桜華に舞え　―SAMURAI The FINAL―』）を演じる北翔海莉

幕末維新期を舞台とするテレビ時代劇でも定番の坂本リョウマが土佐弁キャラ、西郷隆盛が「薩摩弁キャラ」、勝海舟がべらんめえ口調の「江戸弁キャラ」として登場するのみならず、前述の通り竜馬や桐野（薩摩藩出身の「薩摩弁キャラ」）は方言主人公として造形されています。

原作付きの『JIN―仁―』[★5]（二〇一二年雪組・宝塚大劇場公演）に登場する龍馬や勝麟太郎（海舟）や、『るろうに剣心』[★6]（二〇一六年雪組・宝塚大劇場公演）に登場する長州藩士の山県有朋や桂小五郎、『幕末太陽傳』[★7]（二〇一七年雪組・宝塚大劇場公演）に登場するダブル主人公の一人である高杉晋作をはじめとした長州藩士[★8]らも、原作におおむね従った形で方言キャラとして造形されています。

遡っての丁寧な調査が必要ですが、宝塚といえば〈西洋人語〉がよく似合う、と言いながら、原作付きでもオリジナルでも、宝塚で上演される近年の和物・幕末維新期ものには、けっこう方言キャラが登場し、方言主人公も登場しています。宝塚のステージにおいても、以前に比べて方言キャラの登場頻度が高まってきたのも、主人公格に方言キャラが進出してきたのも、ごく近年のことと推察されます。[★9]

とは言いながら、和物・幕末維新期ものに方言キャラが多出するのは、第4章で見てきたように、大河ドラマのようなテレビ時代劇でもおなじみです。しかし、宝塚の洋物のステージには、意外な形で意外な方言キャラも登場してい

★5 村上もとか原作、齋藤吉正脚本・演出。
★6 和月伸宏原作、小池修一郎脚本・演出。
★7 田中啓一・川島雄三・今村昌平原作、小柳奈穂子脚本・演出。
★8 現在の山口県。
★9 宝塚歌劇場で上演される歌劇については、「方言指導」が付いているのか否かの確認は現時点でできていない。

るのです。以下で見ていくことにしましょう。

『ベルサイユのばら』に方言キャラ！

冒頭でも述べたように、『ベルサイユのばら』といえば、宝塚の代名詞と言ってもよい演目です。まさに〝〈西洋人語〉がよく似合う〟の典型ですが、じつはこの「外伝」に方言キャラが登場するのです。

『外伝 ベルサイユのばら』（以下、「外伝」）は、まず、「外伝三部作」としてジェローデル編・アラン編・ベルナール編が二〇〇八年に宝塚の全国公演で上演され、二〇〇九年に外伝アンドレ編が中日劇場で上演された後、本公演として再演されています。

「外伝」の原作・原案は「本編」同様に池田理代子、脚本・演出はいずれも植田紳爾です。それぞれ、本編での主要な脇役にスポットを当てたスピンアウト作品で、本編にはない場面・設定も多く、スピンアウトながらオリジナルともいえる内容です。

「外伝」上演後、「エピソード編」と銘打って池田理代子『ベルサイユのばらエピソード編』★10が刊行されました。「外伝」の一部はこのエピソード編の内容と重なるところがあります。

さて、宝塚の『ベルばら』に登場する方言キャラ。それは、誰かといえば、

★10 マーガレットコミックス全一四巻（一一～一四巻＝エピソード編一～四）、集英社、二〇一四～二〇一八年

『外伝 ベルサイユのばら―アンドレ編―』★11（二〇〇九年初演、以下『アンドレ編』）に登場するアンドレとアンドレの幼なじみ・マリーズです。

『アンドレ編』は、本編主人公の男装の麗人オスカルの幼少時からの従卒で、互いの死の直前に身分の差を超えた対等な人間として愛の契りを交わすアンドレに焦点を絞ったもので、原作者原案に基づき、宝塚歌劇団のために植田紳爾によって新たに書き下ろされたものです。

『アンドレ編』の主要登場人物と物語のあらましは、以下の通りです。

【主要登場人物とその設定】

アンドレ（オスカルの幼なじみ・『アンドレ編』の主人公・プロバンス出身）

マリーズ（幼少の頃からアンドレを慕い続ける娘・プロバンス出身）

オスカル（近衛隊長、男装の麗人・原作ならびに歌劇本編の主人公）

ブイエ将軍（オスカルの上官、マリーズの養父・プロバンスにゆかりのある貴族）

マロングラッセ（オスカルの乳母、アンドレの祖母）

シモーヌ（マリーズを雇用する居酒屋アジールの女主人・プロバンス出身）

＊アンドレとマリーズは幼少時場面と成人後の場面では役者が異なる。

★11 池田理代子原作・外伝原案、植田紳爾脚本・演出。

【物語のあらまし】

プロバンス地方で生まれ育つも幼少時に両親を亡くしたアンドレは、オスカルの乳母である祖母マロングラッセに連れられオスカルの父ジャルジェ将軍邸へと引き取られていく。別れに際して、幼なじみのマリーズと将来の結婚を誓うものの、その後アンドレはオスカルに生涯を捧げることになる。マリーズはアンドレを忘れられずベルサイユに赴き、プロバンス出身の女主人シモーヌが経営する居酒屋アジールで働くうちにプロバンスに由来をもつ貴族のブイエ将軍の目にとまり、将軍の養女となる。

マリーズはブイエ将軍宅にてパリの戦地に赴くアンドレと再会するが、すでに二人の道は交わらないものであることに気づく。バスティーユの戦いでアンドレもオスカルも戦死したことをアンドレの祖母マロングラッセから聞き及び、マリーズは幼い頃にアンドレからもらったドングリの実を屋敷の庭に植えてその木陰を二人の想い出とし、生涯アンドレを忘れないことを誓う。

マンガの「エピソード編」でも、故郷における互いに憎からず思う少年少女のお別れのシーンではじまり、美しく成長した少女がアンドレと再会する機会を得るも、互いに結ばれる運命にはないことを知り、ヒロインは幼少時のお別れの際にアンドレから受け取った木の実を庭に植えその成長を見届けようと心に誓う……と大筋は重なりますが、方言キャラが登場しないことをはじめ、設定・人物などさまざまな点において宝塚版とは異なるところも少なくありません。

じつは、この『アンドレ編』は、宝塚版においても、中日劇場（愛知県名古屋市）において初演された宙組（二〇〇九年二月・大和悠河主演）と宝塚大劇場（兵庫県宝塚市）で上演された花組（二〇〇九年九～一〇月・真飛聖主演）では、脚本・演出が異なります（以下、それぞれ宙組版、花組版）。

『アンドレ編』は、三三年ぶりの中日劇場での宙組による地方公演を記念した「特別版」として創作されたもので、当初は、宙組版は中日劇場限りの公演であったと思われるのですが、観客動員数が「めざましくよかった」として、上述の脚本・設定等の変更を伴い、花組版が本拠地である宝塚大劇場において再上演されました。

不思議なミックス方言

再上演にあたっての変更点は、台詞で用いられるヴァーチャル方言がどこのものか、といったことにはじまり、方言キャラ、「方言」が使用される場面、「方言」にまつわるエピソードを含む場の削除などさまざまあるのですが、以下では登場する「方言」と、その変更に注目します。

なお、閲覧可能な形で公開されている脚本の存在しない宙組版については、同作DVD映像★12を筆者が文字起こししたものを用います（脚本と区別するために文字起こし資料はカタカナで表記します）。また、花組版は『ル・サンク』一一一号収録の脚本を参考に、同作DVD映像★13を筆者が文字起こししたものを資料とします。どちらの版にも現れる、冒頭の子ども時代のマリーズとアンドレのお別れのシーンの台詞で両者の比較をしてみましょう。

【宙組版　第三場　故郷の追想】

マリーズ：トートトーイッテシマウガヤネ　ワタシモイッショニイケタライイナ　ドーセココニオッテモ　シンセキオタライマワシニサレルダケヤローキ

アンドレ：イカンゼヨ（中略）ベルサイユニイッテモ　マタアエルデネ

【花組版　第一場　故郷の追想】

マリーズ：私も一緒に行きたか……どうせこげんなとこにおっても親戚を

★12 宝塚クリエイティブアーツ、二〇〇九年（二〇〇九年二月一九日中日劇場収録、宙組、主演：大和悠河）

★13 宝塚クリエイティブアーツ、二〇〇九年（二〇〇九年九月一八日宝塚大劇場収録、花組、主演：真飛聖）

盥《たらい》回しにされるだけやもん……

アンドレ：なんば言いよっとね……小父さんや小母さんに可愛がって貰わないかんたい……

マリーズ：また逢えると？

（中略）

アンドレ：［樹の下で仰ぎ見て］この櫟《くぬぎ》の実なんだ……その袋は死んだママンが縫ってくれた形見なんだがや……

マリーズ：有り難う……このドングリの袋とそのリボンが一つになる日を楽しみに大切にしとるけんね

どちらもじつに不思議なミックス方言が使われています。宙組版は、「名古屋弁」風（四角で囲んだ部分）の「～ガヤネ」「～デネ」に、「土佐弁」風（傍線部分）の「～キ」「～ゼヨ」などがブレンドされたミックス方言、花組版は、「名古屋弁」風の「～ナンダガヤ」に、「博多弁」風（波線部分）の「～カ」「～ヤ」「～ト」「～タイ」「～ケン」「コゲン」「オッテ」「ナンバイイヨット」の組み合わせによるミックス方言です。

意図的なミックス方言といえば、木下順二★14の全国各地の地域方言を資源とした人工的な「普遍化」された「地域語」を用いた戯曲『夕鶴』（一九四九年）が

★14 劇作家、評論家。一九一四～二〇〇六年。東京本郷生まれ。

思い出されます。そこでは、「ここではないどこか」で進行する民話的ファンタジーを描く装置としてミックス方言が用いられています。[★15] もちろん、ミックス方言は木下作品において突然出現したものではなく、その源泉は、近世後期における洒落本・滑稽本あたりを由来とする語などの話芸における田舎のお大尽《だいじん》や、田舎侍などの台詞造形などに求められています。[★16]

ミックス方言が使われた理由

宙組版・花組版に共通するのは、プロバンス地方で過ごした幼少期場面におけるマリーズとアンドレには、何らかの「方言」が付与されているというところです。

宙組版に「名古屋弁」風な要素がちりばめられているのは、上演地が名古屋（中日劇場）であることに関係しそうです。そういう意味では、第5章で見た劇団四季『ライオンキング』の方言キャラが、上演地のご当地方言を身にまとうことに通ずる造形と言えるでしょう。

では、「土佐弁」風と「博多弁」風の要素が選択される理由は何だったのでしょうか。本作の主要な舞台となるベルサイユとプロバンス（エクス＝アン＝プロバンス）との地理的位置関係が日本列島の地理的位置関係に投影された結果、日本の「南の方の方言」のうち、ヴァーチャル方言として一般によく知られる

★15 自作品で使用する「方言」についての考え方は、木下順二『日本語の世界12 戯曲の日本語』（中央公論社、一九八二）に詳しい。

★16 金水敏『ヴァーチャル日本語 役割語の謎』（岩波書店、二〇〇三）参照。

「土佐弁」「博多弁」が、「プロバンス方言」を表現するものとして選択されたものと思われます。先の木下順二の「普遍化」された「地域語」を踏まえると、「物語の中心であるベルサイユの南にあるどこか」としてプロバンスを描こうとしたがゆえの選択であったと解釈できるでしょう。

図 6-1　フランス地図（ベルサイユとプロバンスとの地理的位置関係）

　宙組版の「土佐弁」風が花組版では「博多弁」風に変更された理由はよくわかりません。

　しかし、初演の宙組版に対する多くの劇評では、『ベルサイユのばら』に方言キャラが登場すること、とくに最終場において成人したアンドレとマリーズが結ばれない運命にあることを自覚し、二人で歌い上げるクライマックスシーンの台詞が方言であったことは、さまざまな劇評において痛く不評でした。★17中日劇場における宙組版のヒットを受けての宝塚大劇場における花組版では、この場面は共通語台詞に、その他の方言場面も大きく削除あるいは変更されています。「方言」の変更も、一連の不評を受けてのものと想像されます。それでも、なぜプロバンス方言を舞台で表現する手立てとしての「方言」を、「土佐弁」風から「博多弁」風に変更したのか。その理由は、やっぱりよくわかりません。

先に触れた木下順二には、自身が小学校から高校まで過ごした熊本の「方言」（木下自身は「地域語」と呼んでいます）を用いた『彦市ばなし』（一九四六年）などがあります。一方、『アンドレ編』脚本・演出の植田紳爾は、大阪生まれというこ と★18ですから、「土佐弁」や「博多弁」が脚本家の身に付いた自在にあやつることのできる「方言」であったというわけでもなさそうです。共通語、関西弁以外の第三極として比較的身近なヴァーチャル方言であった「土佐弁」または「博多弁」という選択だったのでしょうか……。

★17 田中ゆかり「宝塚歌劇『外伝ベルサイユのばら—アンドレ編—』に現れるヴァーチャル方言」（『語文』一五三、日本大学国文学会、二〇一五）参照。

★18 植田紳爾語り手、川崎賢子聞き手『宝塚百年を越えて 植田紳爾に聞く』（国書刊行会、二〇一四）による。

マンガ版では共通語

のちにエピソード編として刊行されるマンガの池田理代子版では、同じ場面は完全な共通語です。これは、池田理代子の華やかな画風や、「ベルばら」の世界観には、やはり共通語と〈西洋人語〉がよく似合う、という判断だったのかも知れません。そもそも、宝塚版の台詞における方言使用は原作者の意図ではなかったとのことです。加えてエピソード編では、マリーズはクリスティーヌと名前も異なります。以下に宙組版・花組版と同じシーンの台詞を抜き出してみましょう。

クリスティーヌ：アンドレ……本当に行っちゃうのね……
アンドレ：うん　クリスティーヌ　ママンが死んで身寄りはベルサイユのお邸《やしき》につとめてるおばあちゃん一人になってしまったからね
アンドレ：ぼくよりひとつ年下のお嬢さまの遊び相手兼お守り役としてその旦那様がぼくを引きとって下さるんだって
（中略）
クリスティーヌ：アンドレはきっとすぐにあたしのことなんか忘れてしまうわね
アンドレ：クリスティーヌ　そんなことないよ　この村のこと忘れないよ
（中略）
クリスティーヌ：ねえ　大きくなったらあたしをアンドレのお嫁さんにしてね！
アンドレ：え⁉　う…うん　いいよ！

クリスティーヌ：きっとね！　約束よ！

（池田理代子『ベルサイユのばら⑪　エピソード編1』一一一―一一四頁）

個人的には、方言キャラのアンドレやマリーズが登場する「ベルばら」も、味があってよいと思いますが、方言プレスティージの時代といっても、宝塚の洋物の舞台に方言キャラは、まだ少し「似合わない」と感じる人が多いのでしょうか……。

さてさて、みなさんは、どのようにお感じになるでしょうか？

第７章

メディアミックスと「方言キャラ」
――『幕末太陽傳』日活版と宝塚版

『幕末太陽傳デジタル修復版　プレミアム・エディション』
（Blu-ray、DVD 発売中／￥5,800（税別）／発売：日活／販売：ハピネット
©1957／2011 日活）

第6章では、「おお、ロミオ！」のような「憧れの西洋」を表現する役割語の一種である〈西洋人語〉がよく似合う宝塚歌劇の登場人物にも、主役級も含め近年では質量ともに方言キャラが増加しつつあるのでは？ ということに軽く触れました。

宝塚のきらびやかな洋物における方言キャラには賛否両論あるようですが、一方、和物とりわけ幕末維新期を舞台とする時代劇に登場する方言キャラは、一般の観客からもプロの評論家からも、格別否定的な論評は見受けられず、じつに自然に受け入れられているように見えます。

この背景には、日本語社会における地域方言の価値が上がったことに加え、和物のとくに時代劇・歴史ドラマが観客にとってリアルから遠くなりつつあるために、洋物と同等程度に一種の「コスプレ」として受容できる感性が育ちつつあるためなのではないか、と考えます。もちろん、第3章と第4章で見てきたように幕末維新期を舞台とする時代ものはテレビドラマなどでも方言キャラが活躍するものが多く、それらによって方言キャラを自然なものとして受けとめる感性が日本語社会において涵養されてきたことにもよるでしょう。

本章では、時代やメディアを超えて再生産されるコンテンツに登場する方言キャラがどのように造形されているのかを検討します。

メディアを超えて再生産されるコンテンツは、さまざまあります。時代を超えて繰り返しリメイクされる、あるいはメディアをまたいでメディアミックスされるコンテンツが、方言ステレオタイプを日本語社会に拡散・浸透させる力強いコンテンツとなることは、第1章で見てきた通りです。

『幕末太陽傳』に登場する「長州弁キャラ」

本章では、時代とメディアを超えたリメイクかつメディアミックス作品の例として、映画『幕末太陽傳』[★1]（以下、日活版）とそれを原作とする宝塚歌劇団による舞台『幕末太陽傳』[★2]（以下、宝塚版）を取り上げ、そこに登場する「長州弁キャラ」と「長州弁」の台詞を見ていきます。

同作は、幕末を主要な舞台とするエンターテインメント作品です。「居残り佐平次」「品川心中」「三枚起請」「お見立て」という江戸落語をベースとしたオリジナル作品で、主役の居残り佐平次が東海道の宿場町・品川を舞台に動乱期の幕末を持ち前の知恵とバイタリティーで生き抜く姿を、長州出身の藩士・高杉晋作らが関わる御殿山爆破事件の顛末と並行的に描いたものです[★3]。

そのため、この作品には「高杉晋作とその一派」として長州藩関係のキャラクターが複数登場します。主役は居残り佐平次ですが、第二主役と言っていい

★1 川島雄三監督、日活、一九五七年公開。

★2 二〇一七年雪組・宝塚大劇場公演、小柳奈穂子脚本・演出。

★3 『日活創立一〇〇周年記念幕末太陽傳デジタル修復版 DVD』特典「映画『幕末太陽傳』の落語ネタと江戸の落語」鈴々舎馬桜による。

高杉晋作をはじめ脇役の長州勢まで多くの「長州弁キャラ」が登場します。主役の佐平次も江戸落語の登場人物ですから、べらんめえ口調の「江戸弁キャラ」として造形されており、ダブル主人公ともに方言キャラというしつらえとなっています。

一般的に大衆的なコンテンツでは、物語の筋を運ぶ役割を担い、読者・視聴者が自己投影することの多いヒーロー／ヒロインは共通語キャラという「役割語セオリー」が存在するので[★4]、この観点からは、『幕末太陽傳』は、その王道からはずれたエンターテインメント作品と言えます。

一方、エンターテインメント作品には、その時代・社会において登場人物のステレオタイプ度が高く、日本語社会で広く共有されるヴァーチャル方言が現れます。同作に用いられるヴァーチャル長州弁も、日活版・宝塚版それぞれの時代における日本語社会において共有度の高いものであると推測されます。

時代・メディアをまたぐ二つの『幕末太陽傳』に登場する「長州弁キャラ」とその台詞においてどのような非共通語的言語要素がそこで用いられているのかを探り、両者の共通点や差異などを見出し、その意味について読み解くことを本章の目的とします。

★4 「コラム1」参照。

日活版と宝塚版

二つの『幕末太陽傳』のうち、日活版はデジタル修復版プレミアム・エディションDVD『日活創立一〇〇周年記念　幕末太陽傳』にて視聴の上、『キネマ旬報』一七九号[★5]掲載の脚本を参照しました。

宝塚版は、宝塚大劇場（兵庫県宝塚市）・東京宝塚劇場（東京都千代田区）における雪組公演を実見の上、『ル・サンク』一八三号[★6]掲載の脚本を参照しています。以下における台詞の引用は、それぞれの脚本を基本とします。ただし、実見において聞き取ったものと脚本とが異なる部分については、適宜言及します。

日活版、宝塚版の概要は以下の通りです。

【日活版】映画

・封切り：一九五七年

・監督：川島雄三

・脚本：田中啓一・川島雄三・今村昌平

・主演：フランキー堺（居残り佐平次）

・出演：左幸子（女郎おそめ）、南田洋子（女郎こはる）・石原裕次郎（高杉晋作）

★5 『キネマ旬報増刊　名作シナリオ集』一九五七年六月号、キネマ旬報社

★6 宝塚クリエイティブアーツ、二〇一七年

【宝塚版】舞台（雪組）
・宝塚大劇場公演：二〇一七年四月二一日〜五月二九日
・東京宝塚劇場公演：二〇一七年六月一六日〜七月二三日
・脚本・演出：小柳奈穂子
・原作：映画『幕末太陽傳』日活株式会社
・主演：早霧せいな（居残り佐平次）
・出演：咲妃みゆ（女郎おそめ）、星乃あんり（女郎こはる）・望海風斗（高杉晋作）

確認の限りでは、どちらも明示的な方言指導は付いていません。ただし、日活版の脚本執筆に際しては、以下のような記述があり、先行する小説・脚本が参照されていること、「資料考証」は十分に意識されていたことがわかります。

尚、本稿執筆にあたり、真山青果、岡本綺堂、安藤鶴夫諸氏の著書に裨益される処が多かった。更に、資料考証その他で、次の方々に多大のお世話をいただいた。ここに記して感謝の意を表するものである。

（『キネマ旬報』一七九号）

本章では、日活版と宝塚版を対照するわけですが、オリジナルの日活版は江戸落語をベースとしている上に、その脚本を執筆する際には、先行する小説や脚本などが参照されていたことになるわけで、現在わたしたちが見聞きする台詞造形は、元をたどれば、じつにさまざまなメディアミックスの上に成り立っているということがわかります。

日活版脚本（『キネマ旬報』一七九）に「キャスト」として掲出される登場人物のうち、「長州弁キャラ」は、同藩出身の高杉晋作と鬼島又兵衛（河野秋武）です。さらには高杉晋作と行動を共にする長州藩勢の台詞にも「長州弁」的要素が与えられています。この他、居残り佐平次はべらんめえ口調の「江戸弁キャラ」、田舎のお大尽キャラである千葉の杢兵衛《もくべえ》大尽（市村俊幸）は田舎ことばキャ

高杉晋作（映画『幕末太陽傳』）を演じる石原裕次郎

居残り佐平次（宝塚『幕末太陽傳』）を演じる早霧せいな

ラ、女郎のおそめ・こはるらは「わっち／あっち〜ありんす」的な郭《くるわ》ことばキャラとして造形されています。このあたりは、江戸落語における登場人物のステレオタイプに従うものとなっています。

宝塚版（『ル・サンク』一八三）に「主な配役」として掲出される登場人物のうち、「長州弁キャラ」は同藩出身の高杉晋作、鬼島又兵衛（香綾しずる）、久坂玄瑞（彩凪翔）。この他、鬼島、高杉と行動を共にする長州藩勢の台詞にもヴァーチャル長州弁的要素が与えられています。居残り佐平次はべらんめえ口調の「江戸弁キャラ」、千葉の杢兵衛大尽（汝鳥伶）は田舎ことばキャラ、女郎のおそめ・こはるらは郭ことばキャラとして造形されています。

「前髪姿」の高杉晋作

登場人物と結びつく非共通語的言語要素を含むヴァーチャル方言の与えられ方は、両者に共通していて、違いは認められません。物語の筋等の観点からも宝塚版は、かなりの程度日活版に忠実です。その一例として、日活版における石原裕次郎（一九三四〜一九八七年）が前髪姿で演ずる高杉晋作（一一五頁のイラスト参照）は、宝塚版でも前髪姿で登場しており、主要登場人物の外見も踏襲していることを指摘できます。

ちなみに、高杉晋作が幕末維新期のテレビドラマなどに登場する際には、前

髪姿として造形されることはほとんどありません。★7

時代劇に登場する「石原裕次郎」には（慎太郎カットを彷彿とさせる?-）、前髪姿という一つのお約束的なものがあったようで、実在の登場人物の似姿よりも裕次郎らしさが優先されるという往年の大スターならではの扱いと言えるでしょう。

なお、慎太郎カットとは、裕次郎の兄である政治家・小説家の石原慎太郎（一九三二年〜）の『太陽の季節』の芥川賞授賞式（一九五六年）に登場した際の髪型です。どのような髪型かといえば、前髪のちょっと長いスポーツ刈りの一種と

★7 たとえば、大河ドラマ『花燃ゆ』で高良健吾が演じる高杉晋作には前髪がない（本頁上部のイラスト参照）。

高杉晋作（『花燃ゆ』）を演じる高良健吾

「慎太郎カット」の石原慎太郎

言えばいいでしょうか。同年封切られた受賞作の映画版『太陽の季節』[★8]は裕次郎のデビュー作でもあり、作中の慎太郎カットは当時の「イマドキの若者」の象徴として広く受けとめられ、慎太郎・裕次郎兄弟の華やかで自由奔放なイメージと固く結びつくものであったようです。「若者らしい」アイコンとして前髪姿と慎太郎カットが結びついたのでしょうか……?

高杉初登場シーンの長州弁台詞

まずは、オリジナルの日活版・第二主役の高杉晋作の台詞から見ていきましょう。

日活版で高杉晋作が台詞を伴い登場するのは「八　こはるの本部屋」です。

高杉（対　志道聞多［長州勢の一人］）：聞多、手はどねした？　貴様達だな、先刻異人とじゃれちょったちゅうのは……

宝塚版でも「第三場　こはるの本部屋」が高杉晋作の台詞を伴う初登場シーンです。こはるに対し、「お前また廻しか」という台詞のあとに日活版と重なる台詞が発されます。

★8　古川卓巳監督、日活、一九五六年

高杉（対　志道聞多［長州勢の一人］）：聞多、手はどねした？　貴様たちだな、先刻異人とじゃれちょったちゅうのは

高杉初登場シーンの台詞については、表記の違い（日活版：貴様達→宝塚版：貴様たち）や、三点リーダー（……）の有無以外はまったく同じで、宝塚版は極めて原作に忠実であることがわかります。

両者に共通するこの高杉初登場シーンのヴァーチャル長州弁台詞における非共通語的言語要素としては、四角の囲みを施した、「どねした」（どないした「どうした」）、「〜ちょった」（〜ていた）、「〜ちゅう」（〜という）が認められます。

日活版のヴァーチャル長州弁

オリジナルにあたる日活版のヴァーチャル長州弁をもう少し詳しく見ていきましょう。

他の長州藩勢の台詞から見ていくと、高杉晋作初登場シーンに現れる「どねした」をはじめ、西日本方言の特徴であるアスペクト形式[★9]のうち、とくに本来結果態（〜した状態にある）を表す「〜ちょる」は、高杉に限らず、他の「長州弁キャラ」の台詞にも頻繁に現れます。一方、本来進行態「〜しつつある」を表現する「〜よる」は長州勢の前半部分の台詞に少数例現れますが、「〜ちょ

★9　動きのさまざまな段階を表す文法形式のこと。進行中の動作を表す進行態［〜しつつある］や動作の結果を表す結果態［〜した状態にある］などを表現する。共通語では、進行態・結果態の区別がなくどちらも「〜シテイル」で表現されるが、長州弁をはじめとした西日本各地の方言では、進行態と結果態は異なる表現を用いる。ヴァーチャル長州弁のリソースである伝統的な山口方言では、進行態は「〜ヨル」（〜しつつある）、結果態は「〜チョル」（〜した状態にある）を用いる。

る」には及びません。以下は「よる」の使用例です。

伊藤春輔［博文］（対　高杉）：相手は馬じゃ。それに途中から役人の邪魔が入りよって……（七　相模屋・地階廊下）

大和弥八郎（対　高杉）：異人達は確かに御殿山へ逃げ込みよった（八　こはるの本部屋）

一方、後半において脚本では「～よる」となっているところ、実見では以下のように東日本方言形式（波線を引いた箇所）となっているところもあります。

志道（対　久坂）：貴様、先刻から子供だましの何のと難癖をつけよって……

↓（前略）難癖をつけやがって（一二〇　相模屋の表）

また、脚本上ではアスペクト形式「～とる」も出現しますが、実見では「～ちょる」となっているところもあります。

高杉（対　佐平次）：貴様、先刻から大分悪い咳をしとるようだが、その時迄もつか?

↓(前略)悪い咳をし[ちょる]ようだが(後略)

(一四〇 雁木)

場面から推測するにここは結果態ではなく進行態であるべきところでしょうから、本来であれば「~よる」が選択されるべきところであったのかも知れません。一方、リアル長州弁でも「~ちょる」が結果態だけではなく進行態もカバーするようになったという指摘★10もあるので、リアル長州弁で進行する言語変化が反映されたものとも見ることができます。

一方、リアル長州弁については、「改まった場面では、~トルが使用される。これは進行でも結果でも表すことができる★11」という指摘もあるので、丁寧度の高い場面では「~とる」、丁寧度の低いすなわちざっくばらんな場面では「~ちょる」にというスタイル差による使い分けが反映されたのかも知れません。先に引用した台詞は、武士の高杉晋作から町人の佐平次への発話なので、身分の上から下へというスタイルが選択されるべき場面だからです。

しかし、もう少し我田引水な解釈としては、「~とる」より「~ちょる」の方が「方言らしく聞こえる」ので多用される、ということも言ってみたいところです。

★10 「ただし、近年、~チョルが進行を表す場合も現れてきている」(有元光彦編『日本のことばシリーズ35 山口県のことば』明治書院、二〇一七)という指摘がある。

★11 有元光彦編『日本のことばシリーズ35 山口県のことば』(明治書院、二〇一七)参照。

日活版では、他に「長州弁キャラ」の台詞には、否定辞「ない」を表す「ん（ぬ）」、文末表現「だ」を表す「〜じゃ」、動詞・形容詞のウ音便（しもうた［しまった］・ようなおった［よく直った］など）が多用されています。

脚本では東日本方言形式の「だ」となっているところを、実見では西日本方言形式の「〜じゃ」に置き換えられているものも以下の通り認められます。

高杉（対 佐平次）：……ハハハ、俺の負けだ
→（前略）俺の負けじゃ

（一三〇　相模屋名代部屋［夕方］）

久坂（独り言）：うーむ、明細なものだ
→明細なものじゃのう

（一三八　こはるの部屋）

一方で、共通語と形式の異なる単語である明瞭な長州弁を含む西日本方言由来の俚言《りげん》は、★12「いろう［拾う］」（一八　佐平次の座敷）が現れるのみです。

この他、どこの方言とも言いがたい非共通語的言語要素として、「なして［どうして］」（八　こはるの本部屋）、「やっちゃれェ［やってしまえ］」（一六　こはるの部屋）、「（雨でも）降らなンにゃあええが［降らなければいいが］」（六四　相模屋　表）、

★12　第2章二四頁参照。

「思えやァええ［思えばいい］」「やってみりゃアええ」（いずれも「八七　こはるの本部屋」）、「判らにゃのう［わからないなあ］」（一一八　こはるの本部屋）などが認められます。

以上をまとめると、日活版におけるヴァーチャル長州弁の言語要素としては、第二主役であるかモブキャラであるかを問わず、「どねした」「～ちょった」「～ちゅう」という少ないパーツが見られるのみであり、その中で「長州弁」らしさを形成しようとしていることがわかります。

宝塚版のヴァーチャル長州弁

ここからは、宝塚版のヴァーチャル長州弁を見ていきましょう。

前述の通り、宝塚版は日活版と同一台詞を含むケースについては、日活版の脚本をかなり忠実に踏襲しています。宝塚版にのみ現れる台詞についても、日活版で多用される「どねした」「～ちゅう」「～ちょる」「ん」「～じゃ」が主に用いられています。ただし日活版に比べ「～じゃ」を除くと、どの形式も台詞における登場回数が少なくなっています。

さらには、ところどころ「変換し忘れ」と思われる箇所もあります。たとえば、以下に見る、「どうした」は、日活版にもほぼ同様のシーンがあり、そこでは「聞多、俺の時計どねした？」（一六　こはるの部屋［高杉（対　志道）］）となっています。宝塚版全体の水準としては「どねした」となりそうなところでありますが、そうはなっていません。

高杉（対　志道）：まだ金に換わらんのか。どうした？
（第三場　こはるの本部屋）

同様に、次の台詞の文末表現は、西日本方言形式の「～じゃ」が予想されるところですが、東日本方言形式の「だ」が現れます。

高杉（対　長州勢一同）：御殿山に建設中の異人館を焼くのだ
（第三場　こはるの本部屋）

久坂（対　高杉）：俺は絶対反対だぞ
（第一四場　こはるの本部屋）

久坂（対　志道）：何だと!?　貴様……
（第一四場　こはるの本部屋）

久坂（独り言）：これは明細なものだ
（第一七場　相模屋）

以上から、宝塚版のヴァーチャル長州弁は、日活版で用いられた要素をちりばめつつも、より単純化あるいは共通語化されたものであることが理解されます。つまり、全体として日活版に比べ、ヴァーチャル方言濃度が下がっているのです。

以下に示す「長州男児の心意気」（第三場　こはるの本部屋）は、ヴァーチャル長州弁要素の多い台詞が続いたあとに長州勢が歌い上げる「方言楽曲」★13です。四角で囲んで示したように、歌詞には比較的多くの非共通語的言語要素を含みますが、そうした要素の選択とちりばめられ方は、宝塚版全体のヴァーチャル長州弁台詞の縮図となっています。

誰もが皆憂いている　この国の行く末を
プライドもドリームも踏みにじられちょる
美しきまほろばの国　虐げる青目玉
もう我慢はできんのじゃ　立ち上がるんじゃ今
長州藩はこの国の良心　腰抜け幕府を見逃せない
志持ち大志を抱いて　前へ進め
そうじゃ　それが男児の心意気
邪魔はさせない　顔上げ胸はって　立ち向かうんじゃ
やっちゃれ！

★13　宝塚で上演される演目には、台詞には方言が入るが楽曲には方言は入らないものが多いようである。たとえば第6章で検討した『外伝 ベルサイユのばら—アンドレ編—』には複数の方言キャラが登場するが、それらのキャラが歌う楽曲の歌詞はすべて共通語歌詞である。他の方言キャラの登場する演目においても同様である。いつ頃から、どのような演目において方言楽曲が登場したのか、についても「宝塚と方言」というテーマとして機会があれば考えてみたいと思っている。

長州男児の心意気
命を懸けろ
いつか起こすん[じゃ] レボリューション
（後略）

メディアミックスから見えてくるもの

本章では、時代とメディアの異なる二つの『幕末太陽傳』を比較しながら、エンターテインメント作品に登場するヴァーチャル長州弁要素について見てきました。

『幕末太陽傳』分析を通してわかったこととしては、日活版・宝塚版ともに用いられる「長州弁」はかなり定型化されたものであった、ということです。一方、オリジナルの日活版から六〇年後の舞台版である宝塚版では、日活版に比べ「長州弁」的要素の使われ方はより単純化／共通語化している様子が認められました。

現代は方言プレスティージの時代です。さまざまなコンテンツや場面においてヴァーチャル方言や方言キャラが活用されています。テレビドラマにおけるヴァーチャル方言は、よりリアルさが求められる時代でもあります。しかしながら、リアルな日本語社会における実態としては全国各地で共通語化が進み、伝統的なリアル方言の衰退は否定できないものとなっています。

コンテンツ類に反映される「方言」を喚起させる言語要素も、失われつつある形式や用法は共通語的なものに置き換えられつつあります。第5章で述べたように、上演地の方言を台詞に用いた劇団四季のミュージカル『ライオンキング』においても、時代・社会の変化に合わせ、方言独特の単語が共通語に書き換えられるなどの方法で脚本がアップデートされています。

時代・社会・メディアの異なるリメイク作品・メディアミックス作品をオリジナル作品と比較することによって、それぞれのメディア特性や、コンテンツが制作された時代の特性などを見通す手がかりを得ることができそうです。

本章では、ヴァーチャル長州弁に焦点を絞りましたが、『幕末太陽傳』には、べらんめえ口調の「江戸弁」、田舎ことば、郭ことばなども用いられています。これらは同作のベースとなった江戸落語由来のことばなので、広義メディアミックスとして落語と他のメディアとの関係性についても考えることもできそうです。

一方、『幕末太陽傳』には、「どねした」「やっちゃれ」等の繰り返し用いられるアイコニックな非共通語フレーズが認められました。これらの「元ネタ」はどこにあるのか、などもわたしたちの目の前にあるヴァーチャル方言がどこから来たのかを解く手がかりになりそうです。とくに、日活版の脚本の「おわ

★14 小説家、劇作家。一八七八～一九四八年。仙台市生まれ。小説家を目指し上京、小栗風葉門下に入り、国木田独歩、徳田秋声らと交流、自然主義文学に傾倒。仙台近郊の「方言」の忠実な投入を試みた農民文学『南小泉村』（一九〇七年）で注目を集める。のちに、『仙台方言考』（一九三六年）を出版。二世市川左団次、前進座との結びつきにおいて多数の戯曲を残す。こんにちでも上演される代表作に二世左団次が勝安房守を演じた『江戸城総攻』（初演一九二六年、歌舞伎座）がある。二〇一八年四月にも歌舞伎座において「歌舞伎座百三十年・四月大歌舞伎」として同作の一部が『西郷と勝』

りに」で言及されている真山青果★14、岡本綺堂★15などの脚本や小説類におけるヴァーチャル方言の実態をその候補としてより深く探ることが一つのポイントになるのかな、と考えます。

メディアミックスといえば、最近話題のミュージカル『テニスの王子様』やミュージカル『刀剣乱舞』などの「2・5次元」もその一種です。そして、ご存じの方はご存じの通り方言キャラも多出します。2・5次元に限らず、チームスポーツものや、バトルものなどのキャラがたくさん登場するコンテンツには、方言キャラが必ずと言っていいほど登場します。多くの場合は「役割語セオリー★16」によって、主人公格ではない登場人物が方言キャラとして造形されます。つまり、キャラ付け要素としてヴァーチャル方言が用いられている典型というわけです★17。

として上演された。
★15 劇作家、小説家、劇評家。一八七二〜一九三九年。東京芝高輪生まれ。父は御家人。幼少時から芝居好きで、当時流行の演劇改良運動に刺激され、劇作家を志す。主題は歴史ものから世話もの・喜劇まで幅広く、大衆を対象とした商業劇場向け作品が多い。生まれ育ちに基づく江戸市井の知識に加え、俳諧趣味と季節感を伴う詩情が持ち味。NHKをはじめ、日本テレビ、TBSなどで数度にわたりテレビドラマ化されるなどしてよく知られる作品に『半七捕物帳』（一九一七〜一九三七年）がある。
★16 「コラム1」参照。
★17 「コラム7」参照。

Column 4

江戸落語における「方言キャラ」
――ニューカマー弁としての「九州弁」

ヴァーチャル方言やそれと結びつく方言ステレオタイプの萌芽は、近世後期あたりに遡ることが可能とされています。また、歌舞伎や浄瑠璃などの古典芸能や、近代以降の落語・講談といった話芸においてそれらは醸成・拡散されてきたということも指摘のあるところです。(1) 落語をベースとしたメディアミックス作品に登場する方言キャラもあります（第7章）。ここでは、話芸の一種である江戸落語に登場する「方言キャラ」を取り上げ、その台詞の構成要素とその機能について見ていきます。

落語に登場する「方言キャラ」といえば、北関東・東北方言要素がちりばめられた「ニセ田舎弁」をしゃべるキャラがその代表格です。一方、「田舎」を表象するリソース方言として九州弁的要素を多く含む台詞が与えられたキャラも存在します。それが、江戸落語『棒鱈《ぼうだら》』(2) に登場する「芋侍」です。

『棒鱈』のあらすじを簡単に説明しましょう。友人と座敷に上がり一杯はじめようとするべらんめえ口調の「江戸弁キャラ」。ところが、隣の部屋に通された客である侍のなじみのないことば遣いとふるまいが気に障り出します。様子をうかがうつもりが、そこは酔っ払い。うっかり侍の部屋に乱入した格好になり、乱闘騒ぎに発展しかけますが、茶屋の料理人が駆けつけ止めようとしたところ、握った胡椒をばらまいてしまい、その場にいた者すべてくしゃみくしゃみで大事に至らず……というお話です。

落語は、多くの場合、聴衆を目の前にその反応を見ながら、また時事ネタやご当地ネタなどを盛り込みながら展開されるその場性の高い話芸です。よって、台詞回し含め大筋は同じですが、枕はもちろんのこと、本筋においても演者や場により、異なる部分がかなり認められます。そういうわけで、ここで取り上げる『棒鱈』にもおそらく無限に近いバリエーションが存在します。たしかに、『棒鱈』を検討するに当たって、速記類四種(3)と、音源四種(4)の文字起こしをして比較したところ、さまざまな違いが認められました。一方で、「芋侍」の台詞を構成するパーツは概ね一致していました。それは、速記・音源・時代・演者を問わず、いずれもヴァーチャル九州弁的要素を核としながら、東北・北関東方言由来の田舎ことば要素が要所要所に投入されている、という作りになっている点です。

ここでは、柳家さん喬による『棒鱈』(5)の「芋侍」の台詞にはどのような非共通語的言語要素が現れるのか確認します（筆者の聞き取りによる文字起こしによる）。

- シナガー（品川）ノホーデウカレテルテ、ウヒャヒャヒャヒャ、イヤー、ソゲンコトワナカタイ。
- オーオハンタチモ、ヨーシットルゾ。／オーイ（大井）、オーモリ（大森）、カマタ（蒲田）、カワサキ（川崎）ラトイッショデアッタ。／ンー、ゴタンダ（五反田）トワ、シナガワ（品川）デワカレタ。

・ミドモンスキンモンワ、アカベロベロノショーユヅケ、イボイボボーズノスッパヅケタイ。

・ンー、カンベンナラン。／ソレエナオレ。

「芋侍」の台詞は、実線を付した「ソゲンコトワナカタイ」「オハン」といったヴァーチャル九州弁的特徴と四角で囲んだ「～トル」「～デアッタ」「ミドモ」「カンベンナラン」「ソレエナオレ」といった武士ことばで主に構成されていることがわかります。同時に「アカベロベロノショーユヅケ」や「イボイボボーズノスッパヅケ」のようなどこのものか判然としない波線を付した謎語もありますが……。併せて、台詞中には薩摩藩の下屋敷のあった「品川」（高輪）や「五反田」など品川周辺の地名もちりばめられており、べらんめえ口調の「江戸弁キャラ」が気に障る「芋侍」は、薩摩藩関係者であることを暗示しています。

一方、二重線を付した「ケー」や、ズーズー弁的発音を模した「クツバス（くちばし）」のように東北・北関東方言ベースの田舎ことばも現れます。点線を引いた「チュー」などは名古屋弁的要素とも言えるでしょうか。

・ウタケー。／ヤ、コエキカセロチューデネー。／ソーケー、ンー、アーウタケー。／アー、ソーデアレバ、アレオウタウカナ。／モズノクツバスオウタウカネ。

『棒鱈』の「芋侍」の台詞には、九州弁要素の強いものとそうでもないものの二系統ある、ということですが、ベースは御一新の立役者である薩摩藩士を想像させる「九州弁」であるということ、それが江戸落語におけるニューカマーらしさを表現するツールとして機能していることは、確かなようです。

注

（1）金水敏『ヴァーチャル日本語　役割語の謎』（岩波書店、二〇〇三）参照。

（2）『棒鱈』資料収集と本稿考察に際しては、江戸落語の専門家である野村雅昭・早稲田大学名誉教授の多大なご教示とご協力を賜った。むろん、本稿における誤りなどは著者に帰す。

（3）a．六代目金原亭馬生（後の四代目古今亭志ん生）：『講談雑誌』三（二）（博文館、一九一七）、b．三代目春風亭柳好：『復刻　昭和戦前傑作落語全集』三（講談社、一九三五）、c．五代目柳家小さん：『落語名作全集』四（普通社、一九六〇）、d．演者不詳：『古典落語大系』七（三一書房、一九七〇）の四種。

（4）A．金原亭馬の助：一九五七年八月・鈴本演芸場昼席（川戸貞吉撰『古典落語の巨匠たち 第一期』、ゲオ販売、一九九八）、B．五代目柳家小さん：一九六七年一月二二日・TBSラジオ（『五代目柳家小さん落語全集』三、小学館、二〇〇〇）、C．柳家さん喬：二〇〇〇年一一月六日・江東区雲光院「第一七回あおい落語会」（『キング落語名人寄席』、キングレコード、二〇〇一）、D．桂宮治：二〇一六年一二月一四日・TBSラジオ「話話話芸」（ラジコの「タイムフリー」機能で繰り返し聴取）

（5）（4）のCによる。

第８章

ヴァーチャル方言とラップは相性がいい⁉

MC GATA ど BANKING「アガスケのススメ」
（Tobien, 2017）

存在するリアル「ヴァーチャル方言キャラ」

「方言キャラ」は、映画やテレビドラマ、小説やマンガやアニメやゲームのような大衆的なコンテンツ内の仮想キャラとしてしか存在しないのでしょうか。そんなことはありません。本章では、リアルな「ヴァーチャル方言キャラ」を話題にしたいと思います。

二〇一八年一〇月、山形県山形市の「遊学館」というところにお邪魔してきました。公益財団法人山形県生涯学習文化財団主催・山形県教育委員会後援の平成三〇(二〇一八)年度「山形学」講座「どっこい方言は生きている」の五回シリーズの最終回の講師としてお招きを頂戴したためです。★1 最終回に先行し、同講座では山形県のリアル方言の実態を中心とする「第一回　方言とわたし」「第二回　方言と最上」「第三回　方言と庄内」、演劇や映画・テレビドラマにおけるヴァーチャル方言についての「第四回　演劇にみる方言」と多彩な内容が展開されており、その締めくくりとして「第五回　方言の未来と進化」というお題を頂戴したというわけです。

そこでご一緒したのが、一九七七年・山形県天童市生まれのタレント、ミッチーチェンさんです。

当日は、ミッチーチェンさんのトークと相棒のBANKINGさんを交えたラップ・パフォーマンス、講座のあとのミッチーチェンさんとのコラボセッション

★1 お招き下さった山形県生涯学習文化財団・講座「山形学」企画委員のみなさま、とりわけコーディネーターの加藤大鶴氏、ミッチーチェン氏に改めてお礼申し上げます。

に、受講者との有意義なやりとりなどがあり、大いに盛り上がりましたが（いや、本当に！　楽しかったです）、こちらは財団から全講座の記録が書籍として刊行されていますので、ご関心のある向きはそちらをご参照ください。★2

冒頭に述べたリアルな「ヴァーチャル方言キャラ」とは、ミッチーチェンさんその人のことです。

★2 ミッチーチェン・田中ゆかり・加藤大鶴「第五回 館内学習方言の未来と進化」（『遊学館ブックス どっこい方言は生きている』公益財団法人山形県生涯学習文化財団、二〇二〇）

ミッチーチェンさんの「方言」

ミッチーチェンさんは、地元テレビ局番組のレギュラーを務めた経験や、地元企業のテレビCMなどにも多く出演していることで、地元山形では広く知られる存在です。二〇二〇年夏現在では、自作自演の「トッポギとチヂミと私」がTikTokで再生回数三億回突破という活躍をされる一方、天童商工会議所青年部の会長という顔もお持ちです。

図8-1　ミッチーチェンさん初のCM、山形県内のパチンコ店「パチンコZEST」（「ミッチーチェン CM ZEST – YouTube」より）

ミッチーチェンさんは、二〇〇八

年三月の「R-1グランプリ」に出場したことをきっかけに、自ら「伝説の余興師」と名乗り、おかっぱ頭の白タキシード姿でタレント活動を開始。二〇一〇年頃から山形県内メディア、東京キー局の日本テレビ系列「24時間テレビ 愛は地球を救う」のMCを山形で担当するなどじわじわと人気を拡大させるなか、二〇一二年から地元ラジオ局YBCラジオ番組「ミッチーチェンの4時バケ」がスタートします（二〇一三年終了）。番組の趣向は、ミッチーチェンさんとご自身が扮するゲストキャラクターの仮想対談で、その設定のなかから生まれた人気キャラクターが山形弁ラッパーのMC GATA（エムシーガタ）です。MC GATAは、キャップを被り、トレードマークのグリル（歯のアクセサリー）をプリントしただぼだぼTシャツに金のごっついネックレスをじゃらじゃらさせる「わかりやすい B-Boy スタイル」のキャラです（本章の扉頁参照）。

……なんてごちゃごちゃ言っているよりも、動画をご覧いただける環境の方は、ぜひ二〇一五年にリリースされた「帰郷～これが俺の生きGATA～」（以下、「帰郷」）の動画★3をご覧ください。

ご覧になった方、いかがでしたか？

なんかこう、東京に出て一発カマそうと思いながらもぐだぐだなロコ男子の気持ちが、痛いように、それでいてコミカルに伝わる楽曲ではなかったでしょうか。

★3 オフィシャルプロモーションビデオ「【山形弁ラップ】MC GATA feat. ミッチーチェン『帰郷～これが俺の生きGATA～』」https://www.youtube.com/watch?v=h3fsAs3EiyA

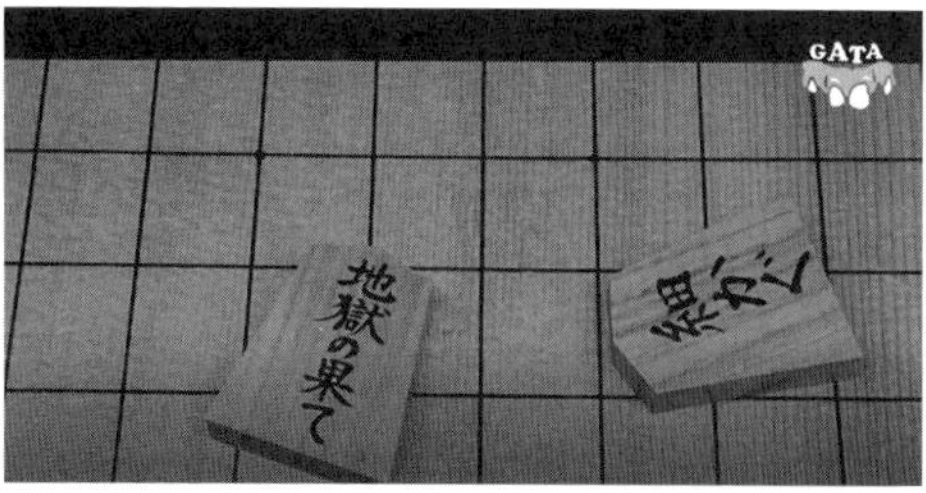

図 8-2 （上）（下）ともに、「【山形弁 ラップ】MC GATA feat. ミッチーチェン『帰郷〜これが俺の生き GATA 〜』」
（オフィシャルプロモーションビデオより）

ミッチーチェンさんは、前述の通り、天童市出身です。天童市の名産品の一つである将棋の駒を使ったオープニングをはじめ、山形からの上京を象徴する山形新幹線「つばさ」が歌い込まれており、ご当地感もたっぷりです。
結構濃いめの「方言」が使われる楽曲ですが、動画を見ながら聞いているとさほど理解しにくいところはありません。なぜかと言えば、発音が異なるところには将棋の駒などに書かれた共通語（動画では「標準語」）形を示し、共通語と形の異なる単語・俚言《りげん》には動画中に共通語の対訳を付けています。山形弁を解さない他方言話者への配慮が随所に施されているために、濃いめの「方言」にもかかわらず、視聴者の理解を妨げていないのです。たとえば、それぞれ以下のような形で示されます（カタカナは筆者の聞き取りによる文字起こし。【字幕】は動画の通り。［　］内は動画内での時間を示す。図8-2参照）。

ズゴクノハーテー（地獄の果て）　［0分9秒あたり］

【字幕】山形弁　**すぺたのこぺたの**　＝　標準語　**なんだかんだ**　［1分14秒あたり］

【字幕】山形弁　**かすますい！**　＝　標準語　**静かにしろ！**　［1分22秒あたり］

リアルなヴァーチャル方言キャラの誕生

ミッチーチェンさんはポスト団塊世代（ご自身では「失われた二〇年」の「就職氷河期世代」、「ロスジェネ（ロストジェネレーション）世代」と称されていましたが）ですから、素のことばはかなり共通語化した「方言」です。

歌詞に現れるこの濃いめの「方言」は、素のことばではなく、じつはミッチーチェンさんのお父さん世代に相当する団塊世代の「山形弁」を映したものなのだそうです。

「帰郷」の歌詞で使われる濃いめの「方言」は地元キャラを立ちあげるために、一世代上の濃いめの「方言」を編集・加工したヴァーチャル方言の一種「ジモ方言」[★4]であるということです。つまり、MC GATAは、リアルな「ヴァーチャル方言キャラ」である、ということにもなるのです。

この濃いめの「ジモ方言」は、イヤーキャッチとなるばかりではなく、「腹を割った」感をリアルに強く立ちあげます。もとより、「方言」は地元の共感を呼ぶ装置です。なぜなら、地元の方言は地元をつなぐ紐帯の機能をもっているからです。一方で、「地元」を共有しないソトの人に対しては、先に確認したように文字や対訳を動画に付すことによって、理解の助けとしています。加えて、ミッチーチェンさんの語る「ジモ方言」に対する言語感覚も重要です。なお、以下に引用するミッチーチェンさんの発言は、講座当日のやりとりの筆者による記録に基づくものです。

- 「地獄」といった、ちょっと怖いことばも、「ズゴク」と訛ることによって、ちょっとマヌケな感じになる。

★4 わかりやすく処理された地元の方言。第1章七頁参照。

・共通語で「やって下さい」は、指示されているという感じになるけれども、方言で「これちっと、やってけれべす」ならば、もっちゃりとして柔らかく響く。

ミッチーチェンさんは、このように「方言」がコミュニケーションの緩衝材となるという効果を指摘しています。強い主張やあけすけな内容も「親密コードの方言で言えば受容可能なレベル」になるということを意識した言語選択を可視化したものがミッチーチェンさんにとっての「方言キャラ」と言えるのです。

ミッチーチェンさんが「方言キャラ」に目覚めたのは、「自分にとってオリジナリティーって何」と考えながら地元でタレント活動を続けていたところ、方言でしゃべるとウケることに気がついたことがきっかけなのだそうです。

・考えてみれば、親父や親父の友だちは訛っている。自分は訛りの英才教育を受けているから訛れるわけだから、じゃあ「方言」を武器にさせてもらおうと……。

これが、MC GATA誕生のいきさつとのことでした。

時はまさに二〇〇〇年代。日本語社会には「ネット」と「方言」で売る時代がやってきており、★5「帰郷」のリリースは、そういった時代のムードにもぴったりマッチしたものとなったわけです。ミッチーチェンさんは、一九九〇年代に東京の大学に通っていたそうですが、その折は、山形弁は完全に封印して過ごしたそうです。そんなミッチーチェンさんが、今やリアル「ヴァーチャル方言キャラ」でブレイク。この二〇年間の日本語社会における「方言」の価値の上昇ぶりがうかがえるエピソードです。

東北地方生育者の方言意識

二〇一〇年に実施した全国方言意識調査に基づく、東北地方生育の人々の方言意識の年齢による変化を見てみましょう。★6次頁の図8-3のグラフの横軸は、右が高年層、左が若年層なので、右から左に意識がどのように変化してきたのかを見ることになります。

図中の「積極的方言話者」というのはたとえば、「いつでもどこでも関西弁を話す関西人」、「共通語話者」は「いつでもどこでも共通語を話す首都圏人」がその典型です。「積極的使い分け派」は方言と共通語どちらも好きで場面による使い分け意識の強いタイプ、「消極的使い分け派」は方言も共通語もあまり好きではなく、といっても方言意識はあるのでやむをえず使い分けるタイプ

★5 「方言「売り」の時代　お国言葉連呼の歌、山形弁「なまドル」」(二〇一〇年三月一五日・朝日新聞)

★6 田中ゆかり・前田忠彦「話者分類に基づく地域類型化の試み——全国方言意識調査データを用いた潜在クラス分析による検討」(『国立国語研究所論集』三、国立国語研究所、二〇一二)、田中ゆかり・前田忠彦「方言と共通語に対する意識からみた話者の類型——地域の分類と年代による違い」(相澤正夫編『現代日本語の動態研究』おうふう、二〇一三)による。

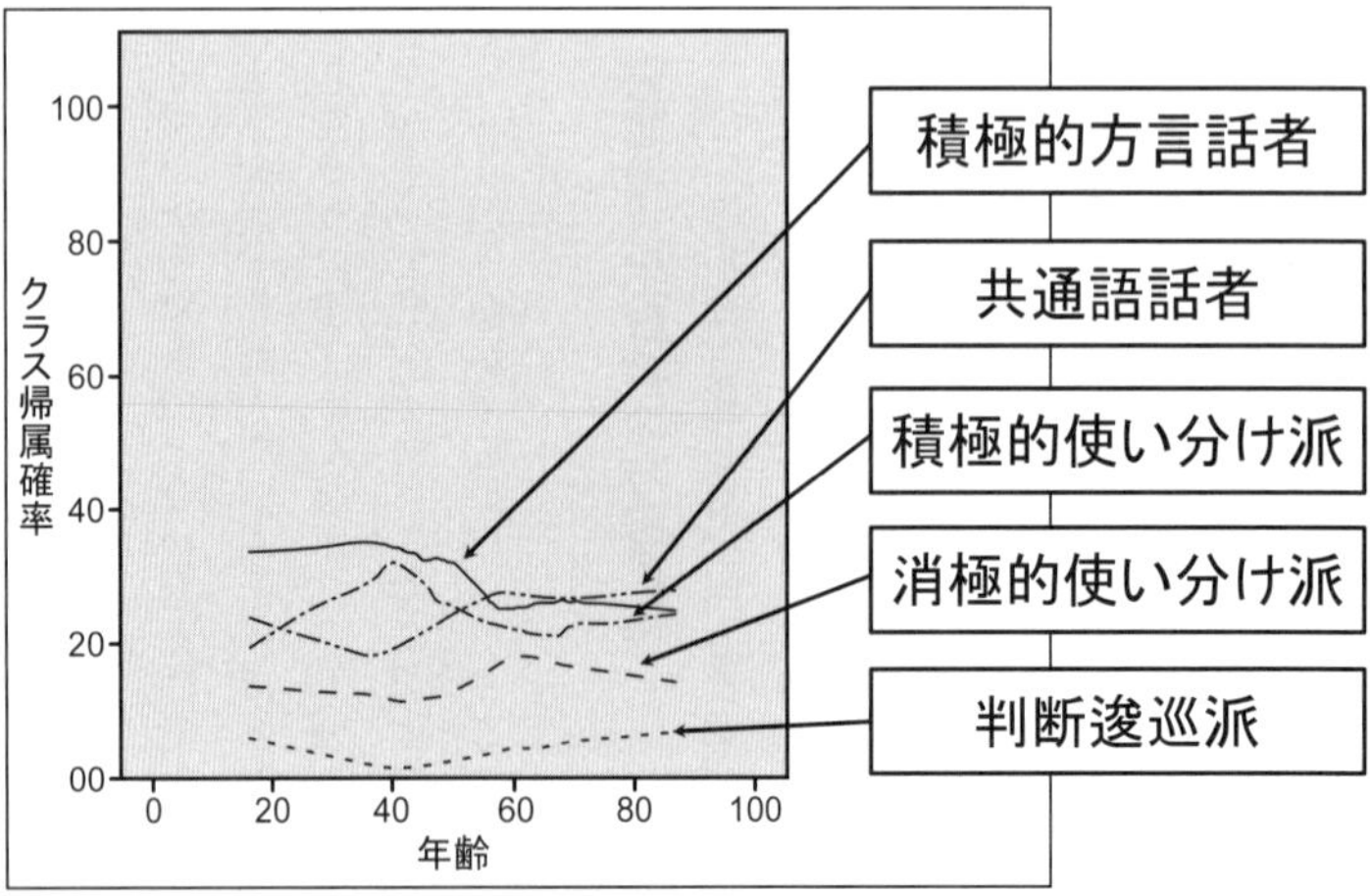

図 8–3　東北地方生育者の年齢別クラス帰属確率平均値（平滑化後の曲線）
（田中ゆかり・前田忠彦、2012; 2013 の一部を加工）

です。東北地方生育者の高年層は「共通語話者」「積極的方言話者」「積極的使い分け派」が混戦状態にあります。ところが二〇一〇年調査時の六〇歳前後（団塊の世代）より若い世代では、ぐいぐいと「積極的方言話者」に帰属する確率が高まります。もっとも若い世代では「積極的方言話者」の帰属確率がぐんと増えています。つまりは、東北地方生育者のもっとも若い世代は、かつては関西弁話者を典型とした「いつでもどこでも地元方言」という意識をもつタイプが最大グループとなっているのです。

ミッチーチェンさんは、調査当時三〇代。図中の真ん中あたりの世代です。たしかに「積極的方言話者」が最大グループですが、「積極的使い分け派」群も多く、まだ「いつでもどこでも地元方言で！」と振り切れる人ばかりではない世代であることがよくわかります。

「ヴァーチャル山形弁」ラップを読み解く

ミッチーチェンさんの話にもどりましょう。

方言ラップとしてリリースされたMC GATAの「帰郷」も、ミッチーチェンとして歌い上げる部分があり、そこは共通語です。その理由はちょっとわかりませんが（ミッチーチェンさんに理由を尋ねましたが、そう言われれば、そうだね……ということでした）、第6章で取り上げた宝塚歌劇においても、「台詞は「方言」だが歌部分は「共通語」というパターン」が伝統的で優勢なようです（ただし、第7章で見た通り、幕末の日本を舞台とする『幕末太陽傳』の中では楽曲をヴァーチャル長州弁で歌い上げるのですが……。これはこれで、エンタメにおけるヴァーチャル方言のあり方として一つのトピックになりそうです）。

「山形弁」というとあたかも山形県内すべてに共通する「方言」があるかのように思えますが、本当は、ひとまとめにすることはできません。山形県の方

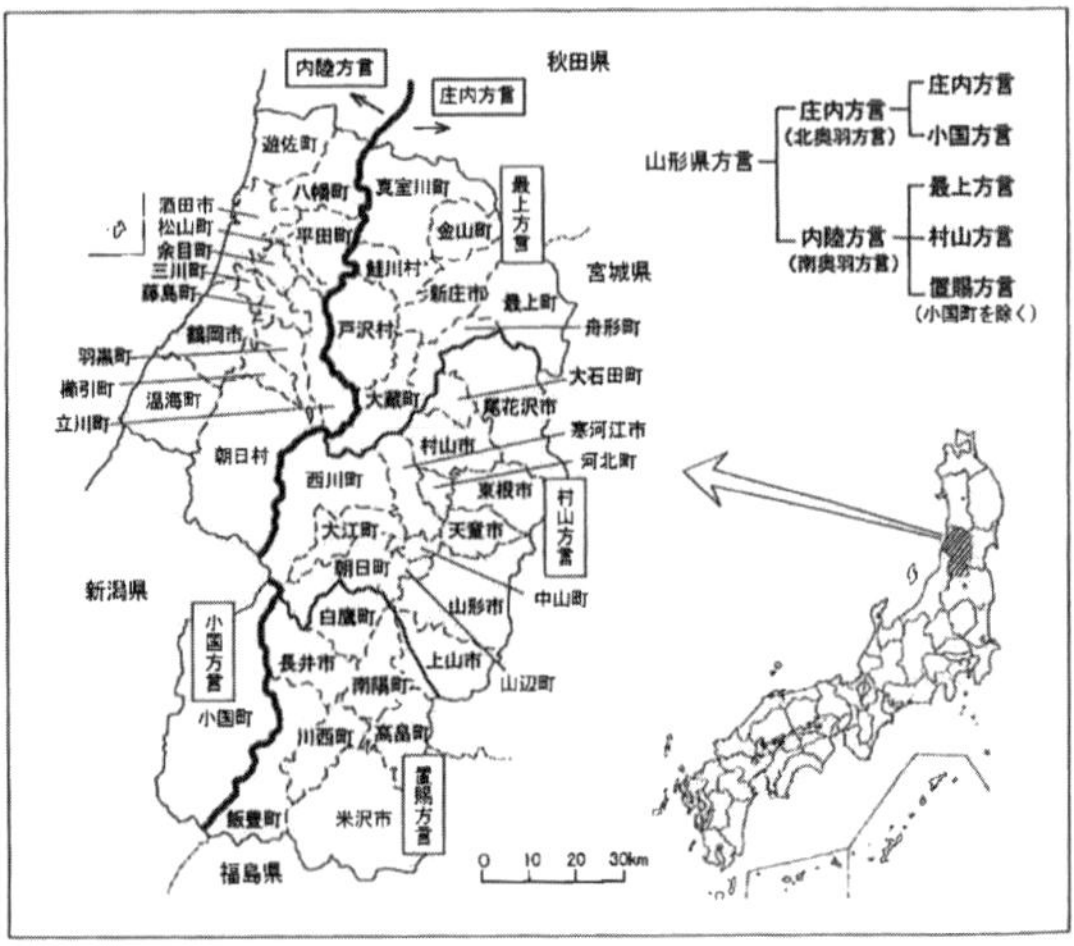

図 8-4　山形県の位置と方言区画図（遠藤仁、1997）★7

言は東北方言に属するものですが、大きく、北奥羽方言に属する庄内方言と、南奥羽方言に属する内陸方言に分かれます。内陸方言は、さらに細かく最上方言、村山方言、置賜《おきたま》方言に分かれます。

ミッチーチェンさんの生育地である天童市は南奥羽方言村に属する村山方言域です。一世代上の濃厚な村山方言を資源とした「ジモ方言」ラップ「帰郷」をリリースしたことによって、「庄内からあんまり呼ばれなくなったような気がした」（ミッチーチェンさん談）そうです。

そのことを踏まえ二〇一六年に配信が開始された続弾「アガスケのススメ」★8

★7　遠藤仁編『日本のことばシリーズ6　山形県のことば』（明治書院、一九九七）二頁、図1。

★8　MV「2ND シングル　MC GATA ど BANKING『アガスケのススメ』」https://www.youtube.com/watch?v=2eD5Nb-Nqsl

には、新しい仕掛けが組み込まれます。アガスケとは歌詞の中にもあるように「山形弁でとにかく生意気で出たがりの調子こぎの人」を指す俚言です。これをもって全山形にアピールすると同時に、MVのロケ地を「庄内映画村」[★9]にし、歌詞にも「SHOW NIGHT!（庄内）」を取り込み、ばっちり庄内地方にアピールしています。

先に見たようにアガスケは「生意気」「お調子者」という意味ですから、もともとは、肯定的な意味をもたない単語です。しかし、この楽曲では、そんなアガスケが地元を背負っていくという気概が以下のように歌い込まれ、アガスケにポジティブな意味が付与されています（カタカナは筆者の聞き取り）。

おしぇわ様！　おしぇわ様！
おしぇわ様！　に爺様（ジサマ）に婆様（バサマ）！
これからは　アガスケが　地元を背負ってイグからな！
おしぇわ様！　おしぇわ様！
下世話な話で下世話様！
これからは！　俺様が言だい（ユタイ）ごど言（ユ）ていぐがらな！

「ジモ方言」ラップで、リアル方言においてネガティブな意味をもつ単語を

★9 現「スタジオセディック庄内オープンセット」（http://openset.s-sedic.jp/about/）。山形県鶴岡市にある映画スタジオ。市川染五郎（当時）主演で二〇〇五年に封切られた架空の海坂藩を舞台とする時代劇映画『蝉しぐれ』（藤沢周平原作、黒土三男監督、東宝）のセットを基に開設された施設。二〇一四年に「庄内映画村」から現在の名称に変更。

ポジティブな意味の単語に再生させてヴァーチャル方言として流通させる。かつてはスティグマだった「方言」が価値をもつものとなった現代を象徴するような楽曲と言えるでしょう。

日本語方言ラップの元祖

ここまで本章では、リアルな「ヴァーチャル方言キャラ」として、講座「山形学」で出会ったミッチーチェンさん／MC GATAとその楽曲を読み解いてきました。

しかし、方言ラップはミッチーチェンさんに限ったことではなく、そもそも、日本語ラップの歴史をたどるとヴァーチャル方言ラップが時代時代を象徴する存在となっていることにも気づかされます。

まず、日本語ラップの元祖とも言われる「俺ら東京さ行ぐだ」★10（作詞・作曲・歌：吉幾三、徳間ジャパンコミュニケーションズ、一九八四年）は、こんな歌詞でした。

テレビも無ェ　ラジオも無ェ
自動車《くるま》もそれほど走って無ェ
ピアノも無ェ　バーも無ェ

★10　ちなみにB面は「故郷」（作詞・作曲：吉幾三）。「なつかしさ会いたさに　夜汽車に乗れば　近くなるふるさとに　寝ずに窓を見る」というストレートな共通語の望郷ソング。

（中略）

俺らこんな村いやだ　俺らこんな村いやだ
東京へ出るだ　東京へ出だなら
銭《ぜに》コァ貯めで　東京でベコ（牛）飼うだ

この曲は、リリースと同時に「田舎を馬鹿にするな！」というクレームがレコード会社などに寄せられたようですが、一九八五年度年間二一位（オリコン調べ）とかなりのヒット作となっています。また、二〇一三年放送のＮＨＫ連続テレビ小説『あまちゃん』の第一話でも取り上げられたので、ご存じの方も多いのではないでしょうか。地方の時代・個性の時代の幕開けであった一九八〇年代中頃に登場してきた楽曲である点が興味深いところです。「田舎」をディスっているようでありながら、それなりに受け入れられ、二〇〇〇年代に入ってからもたびたびネット上で話題になるこの楽曲の「方言」は、どこの方言でもない、すなわちヴァーチャル田舎弁です。しかしそれこそが、この楽曲のポイントなのです。★11

★11　「コラム5」参照。

ミリオンセラー「DA.YO.NE」とその方言バージョン

一九九〇年代半ばには、EAST END×YURIの「DA.YO.NE（だよね）」（Epic/

Sony Records, 1994）が日本語ラップとしてはじめてのミリオンセラーを記録し、EAST END×YURIは一九九五年のＮＨＫ紅白歌合戦にも出場します。[★12]この
ヒット（チャート最高順位七位、オリコン調べ）を受けて、大阪弁バージョンを皮切りに全国の主要都市の方言バージョンが発売され（一九九五年）、いずれもヒット作となりました。タイトル、チャート最高順位（オリコン調べ）等を表8-1に示します。

方言バージョンには首都圏を除く当時の主要な政令指定都市の「ヴァーチャル方言」が選択されています。この現象はラップがポピュラー化していく時代の象徴であったのですが、同時に、以下のように「悪のりだ」と懸念する声もありました。

気をよくしたレコード会社は、ウエストエンド×ユキなるユニットで、歌詞だけ大阪弁にしたバージョン『そやな』を出したところ、こちらも四十万枚と破格の売り上げで大成功を収めた。柳の下にドジョウは五、六匹いるのが、業界の常識。ついに全国から『だよね』の方言バージョンが四月下旬、一斉に発売される。（中略）商売上手な大人の戦略に、「ま、いっか」と各地のＤＪらが乗ったかたちだ。しかしレコード会社の中にさえ、「こんなことしてるから、いつまでたってもラップはイロモノ扱いから脱

★12 井上史雄「方言ラップにみる歌謡社会言語学」（『日本語学』15（6）、明治書院、一九九六）の「4 方言ラップの位置」において、「DA.YO.NE」方言バージョン登場当時の研究者の受け止め方と背景の分析が示されている。

表8-1　「DA.YO.NE」方言バージョンのタイトルとチャート最高位（オリコン調べ）

方言	タイトル	最高位
大阪弁版	「SO.YA.NA（そやな）」 WEST END×YUKI（from O.P.D）	6位
北海道弁版	「DA.BE.SA（だべさ）」 NORTH END×AYUMI（from SAPPORO）	43位
東北（仙台）弁版	「DA.CHA.NE（だっちゃね）」 NORTH EAST×MAI（from SENDAI）	46位
名古屋弁版	「DA.GA.NE（だがね）」 CHUBU END×SATOMI（from NAGOYA）	38位
広島弁版	「HO.JA.NE（ほじゃね）」 OYSTER END×YŪKA（from HIROSHIMA）	47位
博多弁版	「SO.TA.I（そうたい）」 SOUTH END×YUKA（from FUKUOKA）	41位

することができない」と自嘲する声も出ている。

（上井遊「ラップ「だよね」全国バージョン発売」
『週刊アエラ』一九九五年四月一〇日号）

第1章で取り上げた「そだねー」の「DA.YO.NE」替え歌バージョンもネット上には上がっています。たしかに拍数といい、ヴァーチャル方言であるところといい、替え歌にはどんぴしゃではありますが……。

各地に広がる「濃いめ」方言ラップ

その後も、ヴァーチャル方言ラップは折に触れて登場し、日本語ラップ界をにぎやかにします。

横浜生まれ、愛知県常滑《とこなめ》市育ちのTOKONA-X（トコナ・エックス）による名古屋弁ラップ「知らざあ言って聞かせやSHOW」★13（Def Jam Japan, 2004）や、山梨県一宮町《いちのみやちょう》（現笛吹市）を活動拠点とするstillichimiya（スティルイチミヤ）がカバーした甲斐弁ラップ「D.N.I（だっちもねぇこんいっちょし）」★14などです。どちらのラッパーも地元名の常滑／一宮に由来する名前を持ち、楽曲に濃いめのヴァーチャル方言が投入されていることが特徴です。なお、以下の歌詞は筆者の聞き取りに基づく文字起こしです。

★13　現在は廃盤。二〇一三年にミュージックセキュリティーズより再発。

★14　一九九五年の原田喜照による地元家具店のテレビCMソングが原曲、自主版アルバム『One Peach』（二〇〇九年）に収録。

stillichimiya自主版アルバム『One Peach』（2009）（出典：桃源響RECORDS）

バカヤロウ　たわけ　おみゃあら並べ
お前とお前とお前だ　気を付けして並べ
なにをそんなに怒っとんのって
俺にもわからんで　怒っとんだってこと
（後略）

（「知らざぁ言って聞かせや SHOW」）

TOKONA-X は、二〇〇四年に二六歳の若さでこの世を去っているのですが、今も伝説のラッパーとして人気を集めています。TOKONA-X をリスペクトする DJ RYOW の動画[★15]の背景は自身の出身地である岐阜県大垣市、この楽曲にも「つまらんもんで」と「ジモ方言」（「地元らしさ」を表現するために、地元の方言を編集・加工したヴァーチャル方言の一種）が織り込まれています。

過去形ばかりじゃつまらんもんで
進行形書き足して行こうぜ

中部方言を代表する推量の助動詞「ずら」で始まる stillichimiya の「D.N.I」は少しわかりにくいので「　」内に共通語訳（少し意訳シテマス）を付けてみまし

★15 【Music Video】TOKONA-X『OUTRO feat. ILL-BOSSTINO』Produced by DJ RYOW https://www.youtube.com/watch?v=leGxRwsXq-U

★16 Amebreak Representing Hip Hop in Japan 二〇一四年七月九日「インタビュー：高木〝JET〟晋一郎」http://amebreak.ameba.jp/interview/2014/07/004949.html。

★17 二〇一四年発売のアルバム『死んだらどうなる』（Mary Joy Recordings）に収録。「stillichimiya

た。がんばってはみたのですが、ラップ感のない共通語訳でごめんなさい……。

ずらっずらっ
だっちもねぇこんいっちょし［つまんねぇこと言うんじゃねぇ］
（中略）
いっちょし　やっちょし［言うんじゃねぇ　するんじゃねぇ］
ちょびちょびしてると［生意気カマすと］
ぶっさらうぞ［ぶん殴るぞ］
（後略）

stillichimiya メンバーの一人のYoung-Gは「『これは（内輪すぎて）何言ってるか分かんない』とか、指摘されてきたから、ちょっとはそういう部分は気にしてたのかも知れない。内輪だったり、方言みたいな部分は、良い風に転がる部分もあれば、まったく通用しない部分もあると思うんですよね。だから、良い方向に転がすように、最後にちょっと調整しましたね。でも、ホンのちょっと」と後年インタビューで述べています。★16

stillichimiya は単に、地元方言由来の「ジモ方言」ばかりでなく、それっぽい「ニセ方言」さえ投入します。その典型例がまさに「ズンドコ節」★17に登場す

【MV】ズンドコ節」（https://www.youtube.com/watch?v=XgSDZfcq_9o）1分45秒あたりに引用部分がある。

★18「彼らがよく使う「ずんぶい」は造語だったりして、実は虚構性が強いんですよね」（磯部涼の発言［大和田俊之・磯部涼・吉田雅史『ラップは何を映しているのか――「日本語ラップ」から「トランプ語の世界」まで』毎日新聞出版、二〇一七］）。造語レベルのヴァーチャル方言も投入しながら「地元」表象をしているらしい。

★19 同曲所収の同名アルバムのリリースは、二〇〇〇年。「田舎言葉が世界を魅了した」（宇多丸・高橋芳朗・DJ YANATAKE・渡辺志保著／NHK-FM「今日は一日“RAP”三昧」制作班編『ライムスター宇多丸の「ラップ史」入門』NHK出版、二〇一八）

★20 唾奇《つばき》（Pitch Odd Mansion 所属）など。

★21「沖縄のリアルを発信する

る「ずんぶい」です。[18]

ずん、ずん、ずん、ずんぶい　感じ
山梨一宮　俺が住んでるとこ

米国ミズーリ州セントルイス出身のラッパー、ネリーが地元の方言で歌うタイトルもそのものズバリ「方言」の「Country Grammar」をシングル・リリースしたのが一九九九年。[19]「俺ら東京さ行ぐだ」の登場はそれよりずっと早い一九八四年、「DA.YO.NE」は一九九四年。ヴァーチャル方言の採用は、ラップの本場USよりも早かったと言えるのかも知れません。二〇〇〇年代以降の日本のラップシーンでは、ローカルラッパーの時代を迎えたとも言われています。なかでも沖縄出身ラッパー[20]たちの活動に注目する動きもあるようです。[21]

一方、「日本語ラップはあまり方言の探求という方向には向かわ」ない、[22]「アメリカでも、（中略）全土で見れば、地域性よりもトレンドのほうが年々強くなっていますね」[23]などという声もあります。

しかし、身の回りのシビアな現実を直視しようとする地元意識の強い音楽であるヒップホップにおける「レペゼン（represent）」意識[24]と、地元ことばを編集・加工したヴァーチャル方言は本来の意味からもマッチするもので、今後も

ラッパーが注目されるワケ「604」首謀者のMAVEL×MuKuRoに聞く」（二〇一八年三月五日・琉球新報Style）https://ryukyushimpo.jp/style/article/entry-674419.htm

★22 吉田雅史の発言（大和田俊之・磯部涼・吉田雅史『ラップは何を映しているのか』毎日新聞出版、二〇一七）。

★23 磯部涼の発言（同上）。

★24 「自分の生まれた場所、育った環境や地元の仲間、そうしたもろもろを背負うこと」（「渡辺志保のヒップホップ・スラング辞典①」宇多丸・高橋芳朗・DJ YANATAKE・渡辺志保著／NHK-FM「今日は一日〝RAP〟三昧」制作班編『ライムスター宇多丸の「ラップ史」入門』NHK出版、二〇一八）

★25 Kerswill, Paul "The objectification of 'Jafaican': the discoursal embedding of Multicultural London English in the British media" Jannis Androutsopoulos (ed.) *Mediatization and Sociolinguistic Change.*

さまざまなヴァーチャル方言ラップが国内外を問わず現れてくることと思います。

英国ロンドンでは、移民の言語と地域方言の接触言語であるエスノレクト(Ethnolect)の一種 Jafaican/Jafaikan(Jamaica + fake)が、ラップのことばとして脚光を浴びているそうです。★25 また、国内でも二〇一九年に焼失した首里城の再建応援ソングとしてリリースされた沖縄県出身五人組ダンスボーカルグループ「Chuning Candy(チューニングキャンディー)」がカバーしたイクマあきら★26の「ダイナミック琉球★27」にも次のような方言ラップが取り入れられています。

南(ぱい)ぬ風(かじ)吹く　若夏(うりずん)ぬぐとぅに
胸(むに)ぬ思(うむ)いゆ　語(かた)てぃ話さな
海ん渡りてぃ　島ん巡(みぐ)りてぃ
我(わ)した若者達(にせた)の　ちむやどんどん
手拭(てぃさ)じ前(めー)うち　歌(うた)ゆ三線(さんしん)
てぃんとぅる

琉球音調とポップな音調の織り成す楽曲の合間に、エイサーの掛け声と共に挿入されるラップ部分の歌詞ではありますが、方言ラップの一般へのひろまり

Berlin: Walter de Gruyter, 2014. ほかにシェイ・セラーノ/小林雅明訳『ラップ・イヤー・ブック』(DU BOOKS、二〇一七)、長谷川町蔵・大和田俊之『文化系のためのヒップホップ入門』(二〇一一)、長谷川町蔵・大和田俊之『文化系のためのヒップホップ入門2』(二〇一八[いずれもアルテスパブリッシング])、リアルサウンド編集部編『私たちが熱狂した90年代ジャパニーズヒップホップ』(辰巳出版、二〇一六)も参照した。

★26 福岡県出身、沖縄在住のミュージシャン。「ダイナミック琉球」は二〇〇八年に制作されたもの。全国の運動会や高校野球の応援歌として人気を博しており、カバーされることも多い。

★27 イクマあきら作詞・作曲(徳間ジャパンコミュニケーションズ、二〇〇八)のカバー曲。二〇二〇年三月にダンス動画を配信。八月に新バージョンの Chuning Candy「ダイナミック琉球~ちむどんどんmix ver

を感じさせる楽曲です。★28

方言を取り入れた流行歌の分析において、歌詞よりも曲間の台詞に「曲のリズムなどに制約されないために」方言出現率が高いという指摘があります。★29 ラップは、歌詞よりも台詞に近いために方言出現率が高くなりやすいという性質がある上に、文末表現など繰り返し韻を踏むために使い勝手がよいということもラップとヴァーチャル方言との相性のよさと言えるでしょう。

ちなみに、今を時めくBTS（防弾少年団）の初期作品「八道江山《パルドガンサン》」（二〇一三年）は、ネット上では「方言萌えの人のために作られたと言っても過言ではない」とも称される、韓国語方言ラップです。メンバーが朝鮮半島南東部の慶尚道と南西部の全羅道のチームに分かれ、どちらの方言がイケてるかラップで掛け合う楽曲です。非公式動画に付された日本語字幕では、どちらの「方言」も「関西弁風」と、「関西

図8-5　Chuning Candy「ダイナミック琉球〜ちむどんどん mix ver〜」より
©PONY CANYON INC. / テレビ朝日ミュージック / プロダクション尾木

〜」（https://www.youtube.com/watch?v=hCb-G5Schak）を公開。引用の歌詞は動画の字幕による。原曲の歌詞に同じ。

★28　一九九〇年代後半に登場してきた沖縄方言ソングの歌詞特徴について、篠崎晃一「歌謡曲と方言」（『日本語学』15（6）、明治書院、一九九六）では、助詞の「の」を「ヌ」、母音の「え」が「イ」、「お」が「ウ」という母音変化を主とした「デフォルメ」沖縄方言と分析している。それに比べると「ウリズン」「ワシタ」「ニセタ」「ティサ」のような俚言もかなり多く含まれている点においても、歌詞に採用されるヴァーチャル沖縄方言の新しい局面を感じさせる。

★29　篠崎晃一「歌謡曲と方言」（『日本語学』15（6）、明治書院、一九九六）

★30　「팔도강산（八道江山）／사투리 랩（方言ラップ）-방탄소년단（BTS：防弾少年団）［日本語字幕］」（https://www.youtube.com/

弁風（慶尚道方言）」と「博多弁風（全羅道方言）」の二種類の字幕を付けたものがアップされています。★30 韓国では、ちょうどこの時期に、方言テレビドラマ「ウンダッパラ（応答せよ）」★31シリーズの第一シーズンが放送され、「方言」コンテンツに大いに注目が集まっていました。同作は、韓国語版でも日本語字幕版でも、方言コンテンツとしてダブルで楽しめる楽曲です。

そもそもヴァーチャル方言はリアル方言をリソースとした編集・加工を経た再提示（representation）です。レペゼンをその根幹とするラップとの相性が悪いわけはない。移り変わりの激しいのがラップ音楽の常ではありますが、これから先、国内外を問わず、どんなタイプのヴァーチャル方言ラップが出てくるか、Check it out！です。

watch?v=b_MmXG7a3xk）、「【関西弁 vs 博多弁】팔도강산（八道江山）-방탄소년단（BTS：防弾少年団）[日本語字幕]」（https://www.youtube.com/watch?v=qFwpcrgSA6U&t=0s）

★31 韓国各地の方言で登場人物たちが掛け合うラブコメディ「응답하라 1997（ウンダッパラ イルググチル・応答せよ 1997）」（二〇一二年）から「응답하라 1988（ウンダッパライルグパルパル・応答せよ 1988）」（二〇一五年）まで三シーズン制作された。

Column 5

方言ラップ元祖「俺ら東京さ行ぐだ」から進化形「TSUGARU」まで

第8章で、ご当地レペゼンツールとして重宝なヴァーチャル方言とラップは相性がいい旨、見てきた通りです。そこで取り上げた、日本最初のラップと称される「俺ら東京さ行ぐだ」(1)とそのアンサーソングとして、メディアやネットを賑わせた「TSUGARU」(2)の二曲を比較してみましょう。二曲の間に横たわる三五年間の日本語社会とヴァーチャル方言の水準の変化を読み取ることができます。

双方の作詞・作曲をし、歌う吉幾三さんは、青森県五所川原市の生まれ育ちで、中学卒業後、歌手を目指して上京、苦労の末、「俺はぜったい！ プレスリー」(一九七七年)のヒットを飛ばし、シンガー・ソング・ライターとしての地位を確立しました(3)。

「俺ら東京さ行ぐだ」がリリースされたのは一九八四年。世の中はまだバブル経済前夜(4)でしたが、日本語社会はすでに方言プレスティージの時代を迎えつつあった頃です。高度経済成長期モデルの東京一極・共通語に価値を置く方言スティグマと、その後の「個性の時代」「地方の時代」の象徴として「方言」に価値を見出す方言プレスティージ、双方の感覚が交錯する中において発表されたのがこの楽曲です。

改めて、その歌詞を見てみましょう。

テレビも無ェ　ラジオも無ェ
自動車《くるま》もそれほど走って無ェ
ピアノも無ェ　バーも無ェ
巡査《おまわり》　毎日ぐーるぐる
（中略）
俺らこんな村いやだ　俺らこんな村いやだ
東京へ出るだ　東京へ出だなら
銭《ぜに》コァ貯めで　東京でベコ（牛）飼うだ

共通語と形の異なる俚言《りげん》は楽曲全体を通しても「銭コァ」「ベコ」の二つだけです。しかもまったく文字からも意味が想像できない俚言である「ベコ」には「（牛）」と共通語訳が施されています。その他は、「出る」が「出るだ」、「ない」が「無ェ」(5)、共通語で清音のところが濁音化する「行ぐ」(6)のような非共通語的言語要素だけで構成されています。つまり、日本語社会に生きる人であれば、共通語ではないものの容易に意味をとることができるレベルの「方言」であることがわかります。また、ここに挙げた特徴は、東北弁のような北関東弁のようなどこかの「田舎」を想像させるいわゆる「田舎ことば」に共通するもので、日本語社会に暮らす人であれば、そのことばの含意するものも瞬時に了解されるレベルのものであった、ということです(7)。

発売当時、一種のコミックソングであると同時に「都会へのプロテストソング」としてヒットチャートを賑わす[8]一方で、吉幾三さんの事務所には地元を馬鹿にするなという抗議の手紙も寄せられたということ[9]で、まさに、方言スティグマと方言プレスティージの交錯期を象徴するような楽曲と言えます。

一方、二〇一九年一〇月に発売された「TSUGARU〈オリジナルバージョン〉」は、かなり趣が異なります。発売前の九月一二日に動画投稿サイトYouTubeで公開され、その再生回数の多さ[10]やそこで使われる津軽弁の難解さや、「ぜひ紅白歌合戦に！」[11]といったネット上の声などについて、新聞各紙が取り上げ、話題となりました。

強烈な方言がほとばしるラップミュージックが今、動画投稿サイトで話題だ。青森県出身の歌

吉幾三「俺ら東京さ行ぐだ」(徳間ジャパンコミュニケーションズ、1984)
© 徳間ジャパンコミュニケーションズ

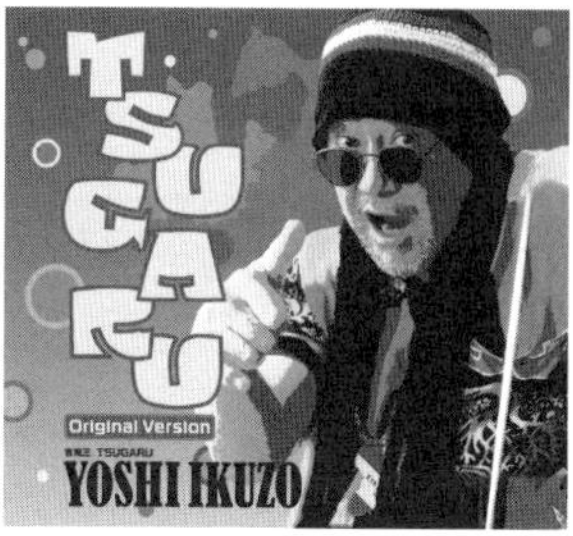

吉幾三「TSUGARU〈オリジナルバージョン〉」(徳間ジャパンコミュニケーションズ、2019)
© 徳間ジャパンコミュニケーションズ

手、吉幾三さんが先月半ばにリリースしたそのタイトルも「TSUGARU」である。「おめだのじこばば　どしてらば？」と歌い出して、お年寄りの会話調で歌詞がはずむ。

（二〇一九年一〇月二八日・日本経済新聞「春秋」）

二〇一九年は、すでに方言プレスティージの時代となって久しく、さまざまなヴァーチャル方言コンテンツの進化形が登場している時期です。ラップ界においても、「濃いめ」の地元方言を投入した楽曲が次々と登場していることは、第8章で述べた通りです。「TSUGARU」もその例に漏れません。YouTube の動画では歌詞の字幕が流れますが、そこに共通語訳は付されません。こんな感じです。

おめだのじこばば　どしてらば？
おらえのじこばば　きょねんしんだね
おめだのあにさま　どしてらば？
あらえのあにさま　しらねじゃわ

いやあ、さっぱりわからない！　という人も少なくないのではないでしょうか。吉幾三さん自身によるこの解説動画で(12)「全部、津軽弁です。（中略）すなわち、みなさんには意味わかりません！」と断言している通り、確信的にかつ単語・文法・発音全方位的に「濃いめ」のヴァーチャル津軽弁が投入された楽曲となっています(13)。

この歌詞は、方言ラップ部分、繰り返し部分、共通語による歌い上げ部分という三つのパートから成り立っています。そのうちの方言ラップ部分の歌詞を、文の意味がわかる最小単位である文節ごとに歌詞を切り分けて、(14)一番の歌詞の方言率を確認しました。方言ラップ部分は、全四八文節で構成されており、そのうちなんらかの方言的要素を含む文節数は四二と、方言文節率は全体の約八八%に達しています。(15)

この思い切った方言文節率から見えてくるのは、現代が「むしろ、わからなくてよし!」に価値を見出す時代を迎えているということです。実生活上では、これほどの「濃いめ」方言を使う人は少なくなっているのが現状です。しかし、現代は、このような「わからないでしょコスプレ」が価値をもつ時代となったのです。

方言ラップの元祖とその進化形を比較することによって、日本語社会における方言の価値が上昇したのと同時に、ポップなコンテンツであってもそこに投入されるヴァーチャル方言は従来の「わかりやすい○○方言」だけではなく、「わかりにくい○○方言」まで、と振り幅も大きくなってきており、しかもそれが広く受け入れられる時代になったことがわかります。

さて、二〇二〇年は新型コロナウイルス感染症の拡大とその感染対策に追われるという予想もしない年となりました。そのような中、「TSUGARU～コロナに負けるな! バージョン～」も同年五月八日に動画が(16)公開され、これも話題となりました(歌詞は筆者の聞き取りによる)。

生きてる長さの　わんつかだ
仕事も銭こも　欲しけども

命をまもるべ　まず命
見してやるべし　俺《お》らだちの

と、やはり、「濃いめ」の津軽弁でのエールを送ったあとに、共通語字幕「もう少し　がんばろう」とこの動画は閉められます。内々のことばであった「方言」で内にも外にもエールを送るそういう時代であることを改めて感じさせる動画となっています。(17)

注

（1）作詞・作曲・歌：吉幾三、徳間ジャパンコミュニケーションズ、一九八四年。
（2）作詞・作曲・歌：吉幾三、徳間ジャパンコミュニケーションズ、二〇一九年。
（3）吉幾三オフィシャルウェブサイト内の「プロフィール」（https://441930.jp/profile）による。
（4）一九八〇年代後期のバブル経済を引き起こす要因の一つとされたプラザ合意（一九八五年）の一年前。「プラザ合意」とは、米国が先進国五カ国（日米英独仏のG5）の財務担当大臣と中央銀行総裁に過度なドル高是正を呼びかけたもの。この結果、急激な円高・ドル安局面を迎え、日本は一時円高不況に苦しむも、その後日本企業が円高メリットを享受したことなどをきっかけに、金融機関による過度の貸出により不動産・株式などの資産価格が高騰し、その後のバブル経済を引き起こす要因となったとされる（野村證券・証券用語解説集「プラザ合意」https://www.nomura.co.jp/terms/japan/hu/plaza_a.html による）。
（5）「連母音の融合」現象。全国各地の方言に見られる。首都圏方言でも「ナイ /nai/」を「ネー /ne:/」、「アカイ /akai/」を「アケー /ake:/」と発音する。
（6）「語中有声化」現象。単語の中の清音（無声音：声帯振動のない音）が濁音（有声音）化すること。これも東日本方言を中心に広く観察される。

（7）篠崎晃一「歌謡曲と方言」（『日本語学』15（6）、明治書院、一九九六）では、同曲の歌詞に現れる東北方言的要素は全体の三七％で、音声的特徴、とくにカ行・タ行の語中有声化（「行く」を「イグ」、「出た」を「デダ」など）を中心とした「デフォルメ」東北方言によるユーモア路線型と分析している。

（8）「吉幾三してやったり「俺ら東京さ行ぐだ」〝逆発想〟の大ヒット」（一九八五年三月四日・読売新聞夕刊）

（9）「うたの旅人――吉幾三「俺ら東京さ行ぐだ」元祖ラップ、若者が支持」（二〇〇八年一一月二九日・朝日新聞 be）

（10）二〇一九年一二月八日現在の再生回数は約二九七万回（二九六万四五四三回）。https://www.youtube.com/watch?v=UVAWjRnMQfM

（11）同年の第七〇回ＮＨＫ紅白歌合戦には選出されなかった。「紅白歌合戦ヒストリー第七〇回（二〇一九年／令和元年）」参照。https://www.nhk.or.jp/kouhaku/history/history.html?count=70

（12）「吉幾三「TSUGARU」コメント」（二〇一九年九月一一日公開）https://www.youtube.com/watch?v=0x_rEXrvLew

（13）「吉さんは「津軽に昔からある言葉を残したいと思って作った。子どもたちに少しでも津軽弁を恥ずかしがらずに使ってほしい」と話している」（「津軽弁ラップ　難解よ！　吉幾三さん新曲　人気」二〇一九年一〇月九日・読売新聞夕刊）とのこと。

（14）「私は／学校へ／行きます」のような切り出し方。

（15）ちなみに、繰り返し部分における「方言」を含む文節は、一二文節中四文節。ただし、ヴァーチャル方言の例に漏れず、東北方言の発音規則通りの歌詞となっているかといえば、必ずしもそうではない。

（16）吉幾三「TSUGARU～コロナに負けるな！　バージョン～」https://www.youtube.com/watch?v=Dqpzt11RBOA

（17）新型コロナウイルス感染症緊急事態宣言が発令中の二〇二〇年のゴールデンウイークには、各地の地方自治体から「帰省自粛」の呼びかけがなされた。そのような中、島根県が同年四月二九日付の山陰中央新報に掲出したヴァーチャル方言を用いた全面広告、「早く会いたいけん、今は帰らんでいいけんね。」（出雲版）／「早く会いたいけぇ、今は帰らんでいいけぇね。」（石見版）が、同年の新聞広告賞（広告主部門）を受賞した。「多くの自治体が帰省自粛を呼び掛ける中、方言を用いた温かみのある新聞広告での協力要請は、自治体広報の成功事例として高く評価された」（日本新聞協会広告委員会・新聞広告データアーカイブ https://www.pressnet.or.jp/adarc/pri/202040.html）という受賞理由からもヴァーチャル方言の「効果」が読み取れる。

第９章

「方言萌え」コンテンツが「ゴールデンタイム」にせり出すまで

魔夜峰央『このマンガがすごい！　comics　翔んで埼玉』
（宝島社、2015）

一九八九年から二〇一九年まで続いた平成期は、ヴァーチャル方言コンテンツが本格的に花開いた時代でした。平成期最後・二〇一八年の「ユーキャン新語・流行語大賞」年間大賞受賞語はヴァーチャル北海道方言の「そだねー」でした。第1章で見た通り、このことばに端を発する「そだねー」ブームは「方言萌え」という感覚が地域・世代・ジェンダーを超え、広く日本語社会において共有されたことを示すものと解釈できます。あたかも、平成期に本格的な方言プレスティージの時代が到来したことを示す「締めくくり」であるかのようです。

このような文脈から平成期最終盤の二〇一〇年代は、「方言萌え」という感覚が徐々に一般化しつつあった時代、テレビ番組に例えるならば、特番や深夜番組帯からゴールデンタイムに進出を果たした時代と捉え直すことも可能です。本章では、この「方言萌え」という感覚が平成期においてどのように醸成・拡散されてきたのかを、コンテンツベースにたどります。★1

「方言萌え」の成り立ちと広がり

「方言萌え」という感覚の醸成・拡散には、その感覚が投影されたコンテン

★1 田中ゆかり「方言とポップカルチャー——「方言萌えマンガ」から探る両者の関係」『日本語学』40(1)(明治書院、二〇二一)

ツ類が言語社会に流通することと深く関わっています。しかしながら、そのようなコンテンツはある日突然に現れるわけではありません。

そもそも「方言萌え」コンテンツの多くは、二〇世紀に蓄積された方言コンテンツによって拡散されたベタなヴァーチャル方言や方言ステレオタイプの積み重ねの上に成り立っています。[★2] 一九八〇年代はそれまでの方言スティグマの時代から方言プレスティージの時代への転換期、一九九〇年代はネットにより「在来の土地のことば」であった「方言」が目に見えて土地から解き放たれてゆく時代でした。これらの時代を経て、はじめて「方言萌え」という感覚が醸成・拡散され、やがてその感覚は「方言萌え」コンテンツとして明確な形をとるようになり、世の中に浸透してきたのです。

あるムードが醸成され、内輪で生産・消費される時期を経たのちに、明確な意志と意図と形をもったコンテンツが登場することによって、そのムードが拡散・一般化するという過程は、ボーイズラブ（BL）[★3]コンテンツの確立までの過程と似ている、と言えるでしょうか。少年同士の愛を描いた『風と木の詩』（竹宮惠子、『週刊少女コミック』／『プチフラワー』小学館、一九七六〜一九八四年）などが話題となった一九七〇年代中頃から、本来のコンテンツにおける設定を度外視したキャラ同士を「愛」で結びつける勝手読みの楽しみとしての二次創作が「ボーイズラブ」の萌芽として同時多発的に回覧同人誌のような内輪のメディ

★2 役割語化したヴァーチャル方言をまとう「方言キャラ」の存在（金水敏編『〈役割語〉小辞典』研究社、二〇一四）や、方言活用事例の蓄積（半沢康・新井小枝子編『実践方言学講座1 社会の活性化と方言』くろしお出版、二〇二〇）などがある。

★3 男性（少年）同士の同性愛を題材とした小説やマンガなどのジャンルのこと。

アを席巻し、のちに「「萌える」ためのコンテンツ」が意識的に創作・消費されるようになり、一九九〇年代以降商業化されついにはBLというジャンルが、世間に浸透した★4というような流れとの平行性が見て取れます。

「方言萌え」コンテンツ花盛り

ここからは、商業的な「方言萌え」コンテンツがいつ頃どのように登場し、特番・深夜帯枠からゴールデンタイムに進出してきたのかその経緯を見ていきます。

「方言萌え」黎明期である二〇〇〇年代前後に首都圏の若者の間に広まった「方言をしゃべる女子はカワイイ」という感覚は、二〇一〇年代に入ると早々にコンテンツ化されていきます。

早い段階のものとしては、「方言」をしゃべる若い女性との仮想デートコーナーを目玉とするローカル局制作のバラエティー番組『方言彼女。』★5（二〇一〇年一〇月～一二月放送、図9-1）を指摘することができます。

この番組は続編に止まらず、ジェンダーを入れ替え、「方言は正義、美男子も正義。」をコンセプトとする『方言彼氏。』★6（二〇一三年一〇月～一二月放送、図9-2）にスピンアウトします。

そして、首都圏ローカル局番組として出発した「方言萌え」企画は、二〇一

★4『美術手帖』二〇一四年一二月号（特集：ボーイズラブ〝関係性〟の表現をほどく）（美術出版社、二〇一四）参照。

★5 全一二回。「方言彼女。」シリーズ。是空・東名阪ネット6・ハピネット・ダブ・NTTぷらら共同制作、幹事局：テレビ埼玉。

★6 是空・東名阪ネット6・ハピネット・ダブ・NTTぷらら共同制作、幹事局：テレビ埼玉。

四年にはキー局制作で全国放送されたアイドルグループの冠番組『ＴＯＫＩＯカケル』の人気コーナー「方言女子と喋ってみよう!!」に、あっという間に成長？ していきました（二〇一二年一〇月、フジテレビ系列）。

ご当地方言で歌う「なまドル」（訛っているアイドルの略）に注目が集まったのもこの頃ですし、こういった流れを汲んで、従来、「方言」を前面に出さなかったアイドルが敢えての「方言トーク」や「方言キャラ」を積極的に身にまとうようになったのもこの時期です。

この頃から活躍する「なまドル」としては、「呼吸ば止めて 一秒《イッピョウ》 あなた真剣な目ばしたから……」とアニメ主題歌「タッチ」★7の山形弁バージョン★8を歌う朝倉さや（山形市出身歌手）がよく知られる存在でしょう。

このような流れがローカルから中央にせり出した事例に、二〇一四年秋に全国で放送されたＡＫＢ48のメンバーが、方言の専門家である篠崎晃一東京女子

図 9-1 DVD「方言彼女。2 雅盤」（2011 年）

図 9-2 DVD「方言彼氏。キュート盤」（2014 年）

★7 あだち充『タッチ』（『週刊少年サンデー』小学館、一九八一～一九八六年）のテレビアニメ（フジテレビ系列、一九八五～一九八七年放送）主題歌（歌：岩崎良美、作詞：康珍化、作曲：芹澤廣明、キャニオン・レコード、一九八五年）

★8 PV「タッチ（山形弁カバー）―朝倉さや／民謡日本一」https://www.youtube.com/watch?v=MPox1pVRD2Y CD『方言革命』（Solaya Label, 2014）に収録。

朝倉さや『方言革命』（Solaya Label, 2014）

大学教授の監修の下、それぞれの出身地の濃厚な方言で、ちょっとたどたどしく呼びかけるアサヒ飲料『ワンダ　モーニングショット』のテレビCM「おはよう」編★9などがあります。まさに、今をときめく中央アイドルにもプラス方言で一層「萌える」の図式です。

方言コンテンツ花盛りの中、従来の方言ステレオタイプを書き換えようとする気運も、当該方言域で生育した新世代クリエーターたちによって高まります。『男おいどん』★10（松本零士、『週刊少年マガジン』講談社、一九七一～一九七三年）などでかつて盛んに用いられた「田舎ことば」「男弁」としての九州弁ステレオタイプを書き換えようと試みた『チクホー男子☆登校編』★11（美月うさぎ、『モーニング』講談社、二〇一四年）はその一例です。★12

「方言萌え」は三次元から二次元へ

二〇一〇年代の中頃になると、「方言萌え」コンテンツが目立ちはじめると同時に、次第にその「萌え」の対象は、仮想デート番組のような三次元コンテンツからマンガやアニメといった二次元コンテンツに移行しはじめました。

それは、この時期に二次元において多種多様な「方言萌え」キャラやコンテンツが次々に繰り出されたという事情ばかりでなく、全国で共通語化が完了したことにより、若年層においては、三次元の「方言キャラ」に対するリアル感

★9 「〈『ワンダ　モーニングショット』新TV-CM〉AKB48メンバーが四七都道府県の言葉を披露⁉　渡辺麻友さんはじめAKB48メンバーが出身都道府県の言葉で応援⁉　九月一三日（土）より『おはよう』編OA」（二〇一四年九月一二日・PR TIMESプレスリリース　https://prtimes.jp/main/html/rd/p/000000002.000011162.html）

★10

松本零士『男おいどん①』（講談社コミックス、講談社、一九七二）

が消失したことを、「萌え」対象の三次元から二次元への移行の大きな背景として指摘できるでしょう。★13

ネット事典の定義する「方言萌え」は、以下のようなもので、もはやここでは三次元は問題にされておらず、二次元キャラに対する「萌え」に特化されています。

方言萌え　ほうげんもえ

漫画やアニメのキャラクターなどが方言を使っているとき、そのギャップなどから萌えてしまうという現象のこと。男性キャラもしくは女性キャラが、思わず標準語とは違う方言を喋ることによってその意外性から不意打ち的に萌えてしまうという萌え方。純粋に方言で話しているところに対しても萌える事は可能。関西弁や博多弁などが多く見られる。タグとしては、キャラが方言を使っているイラストに付けられる。

（『ピクシブ百科事典』https://dic.pixiv.net/a/方言萌え/ より）

地元愛こじらせ系コンテンツの登場

二〇一〇年代中頃は、二次元界を中心に各地の方言をしゃべる女子や男子に萌える素朴な「方言萌え」コンテンツが続々登場する傍らで、地元愛こじらせ

★11 二〇二〇年より、続編となる『チクホー男子☆登校編NEXT』が連載開始。

美月うさぎ『チクホー男子☆登校編NEXT①』（COMPASS COMICS、コンパス、二〇二〇）©美月うさぎ／コンパス

★12 田中ゆかり「リアルとヴァーチャルの往還が開く新しい扉」（『方言萌え!?　ヴァーチャル方言を読み解く』岩波ジュニア新書、岩波書店、二〇一六）

★13 二〇一六年一二月に全国の約二万人を対象に実施した全国方言意識Web調査において、二〇・三〇代の若年層は、「生育地の方言があると思うか」という質問に対し、「わからない」という回答が目立つ（田中ゆかり「全国二

系の地元をディスる（否定する。侮辱する。英語の disrespect 由来）コンテンツも登場します。

こじらせ系の「地元ディスり愛コンテンツ」の代表的なものを挙げるとするならば、『お前はまだグンマを知らない』★14（井田ヒロト、『くらげバンチ』新潮社、二〇一三〜二〇一九年）や、一九八二年初出の早すぎたコンテンツとしていったんは忘れられた作品となりながら二〇一五年にＳＮＳ経由で大ブレイクした『翔んで埼玉』（魔夜峰央、『花とゆめ』白泉社、一九八二〜一九八三年／『このマンガがすごい！ comics 翔んで埼玉』宝島社、二〇一五年 本章扉頁参照）でしょう。どちらのコンテンツも県民性や地域文化等に対する愛とディスりがメインですが、当然ながらちょいちょい「方言」もその対象として取り上げられています。

どちらもメディアミックス作品を生み出しており、『お前はまだグンマを知らない』は、深夜枠ですが二〇一七年にテレビドラマ化（全四回、日本テレビ、二〇一七年三月放送）、続いて映画化（水野格監督、KATSU-do、二〇一七年七月公開）、さらにはテレビアニメ化（群馬テレビほか、二〇一八年四〜六月放送）もされています。

そして、『翔んで埼玉』も二階堂ふみ・ＧＡＣＫＴ主演&主題歌「埼玉県のうた」（はなわ、二〇〇三年リリース）で実写映画化され（武内英樹監督、東映、二〇一九年公開）、興行収入三七億円を超すヒット作となりました。

万人ｗｅｂアンケート調査に基づく方言・共通語意識の最新動向」『語文』一五八、日本大学国文学会、二〇一七）。

★14

井田ヒロト『お前はまだグンマを知らない①』（バンチコミックス、新潮社、二〇一四）

「方言女子」メタ化アニメ出現

こじらせ系といえば、「方言女子」を茶化（＝メタ化）した、テレビアニメ『ポプテピピック』★15（二〇一八年放送）も出てきています。

アニメ第一話（二〇一八年一月六日放送）では、「方言コスプレ」「方言女子」を茶化しつつ、もっとも人気があるとされる「ヴァーチャル博多弁」を「萌え」要素として意識的に取り込んだ場面が登場します。

ピピ美［表紙右］★16：好きプリ？
ポプ子［表紙左］：好いとーよ♥
ピピ美：（テレっ）いや〜ん，方言女子ぃ〜♥
ポプ子：（カメラ目線・満面のどや笑顔で寄ってピース）

このようなメタ的事例が出てくる背景には、すでにその枠組みが一定程度に成熟し、その共同体において共有されている必要があります。このことを踏まえると、この事例は「方言コスプレ」「方言女子」「方言（女子に）萌え（る）」といったフレームが、少なくとも「テレビアニメ」という場においてそれ自体がパロディー化される対象、すなわち「方言女子としてふるまう方言コスプレ」が「コスプレ」可能となる程度にまで、日本語社会に定着してきたことをうか

★15 TOKYO MX、BS11などで放送、大川ぶくぶ原作。同名の原作マンガは竹書房のウェブコミック配信サイト『まんがライフWIN』にて二〇一四年より連載。http://mangalifewin.takeshobo.co.jp/rensai/popute/

★16

大川ぶくぶ『ポプテピピック』（バンブーコミックス WIN SELECTION、竹書房、二〇一五）

がわせます。ただし、同作が実験的なパロディーアニメとして受容されていること[★17]を踏まえると、ちょっとだけ「時代」よりも前のめりなコンテンツとも言えるでしょうか。

ここまで二〇〇〇年代以降を中心に「方言萌え」コンテンツがどのように広まってきたのかをたどってきました。次章では、「方言萌えマンガ」を取り上げ、新たなフェーズに向かおうとする「方言萌え」のありようを探ります。

★17 川床弥生・石田汗太「常識破りのギャグアニメ「ポプテピピック」——声優毎回入れ替え／SNSで盛り上げ」（二〇一八年二月二六日・読売新聞夕刊）、田中ゆかり「「方言コスプレ」と「ヴァーチャル方言」——用語・概念・課題」（『方言の研究』4、日本方言研究会、二〇一八）参照。

Column 6

「方言コスプレ」キャラ in ムラカミ文学

「昨日は／あしたのおとといで／おとといの／あしたや／それはまあ／しゃあないよなあ」[1]というビートルズの「イエスタデイ」のメロディーに乗せた「関西弁」替え歌(?)で始まる村上春樹「女のいない男たち2　イエスタデイ」(『文藝春秋』二〇一四年一月号)は、ベタな方言コスプレキャラの登場する作品です。方言コスプレとは、ヴァーチャル方言を用いた自己演出的言語行動のことです。

同作のあらすじを簡単に示します。

主人公の「僕」は早稲田大学文学部の二年生、「木樽《きたる》」は同大目指して二浪中の身、二人は大学正門近くの喫茶店のアルバイト仲間として出会い、親しく付き合うようになります。そのうちに「僕」は木樽からガールフレンドの上智大生・栗谷《くりたに》えりかを紹介されます。木樽にしむけられるがまま、「僕」とえりかは二人で会うことになりますが、その後木樽はふいっと行方をくらまし、「僕」とえりかの関係も紆余曲折あるもののなんとなく立ち消えます。やがて一六年の年月が経ち、「僕」とえりかはとあるパーティーで偶然の再会を果たします。しかし、何かが起こるような

村上春樹『女のいない男たち』(文藝春秋、2014)

オールディーズの曲が流れるも、何かが起こるわけでもなく、稿は閉じられます。

作品に登場する方言コスプレキャラは、同作の主人公の「僕」と、「僕」の親友の「木樽」です。冒頭の「イエスタデイ」の関西弁替え歌を歌っているのは、木樽ですが、彼は東京都大田区田園調布の生まれ育ちかつ在住の浪人生、つまり、完全な「ニセ関西弁キャラ」です。「僕」は例によって関西育ち、同作では兵庫県芦屋市の生まれ育ちですが、東京の大学に出てきて「一ヶ月ほどして」「完璧な標準語（東京の言葉）」を「流暢に」話すようになった「ニセ東京弁キャラ」です。いわば、生育地と使用言語変種のとりかえばや物語で、しかもこのねじれた交換、あるいはそれぞれの自己投影関係は、その後のガールフレンドの交換という試み――たぶん普通の意味において作中ではその交換は失敗しますが――を引き起こします。

木樽のニセ関西弁は「一念発起」の上、大阪の天王寺区に「ホームステイ」までして「後天的に学んだ」もの、「僕」の場合は「カメレオン的な性格」と「言語的な音感が人より優れていたのかもしれない」ということで自然に「関西弁を使わなくな」った結果による「ほぼ完璧な標準語（東京の言葉）」ということが物語の導入部に示されています。木樽には「熱狂的な阪神タイガースのファン」で、ファン交流のために「関西弁」が必要だったと述べさせ、「僕」には「東京で新しい生活を始めたかった。自分であることの新しい可能性をそこで試してみたかった。そして僕にしてみれば、関西弁を捨てて新しい言語を身につけることは、そのための実際的な（同時にまた象徴的な）手段だった。結局のところ、僕らの語る言葉が僕らという人間を形成していくのだから。」と語らせています。

「僕」が関西人なのに「東京弁」しかしゃべらないことを、木樽はえりかに「けったいなやつ」と紹介するものの、えりかは「それってわりに普通じゃないかしら」と今や「お嬢様ことば」として役割語化著しいレトロな「女ことば」で返します。上京者が「東京弁」しか話さないことを普通と受け止める感覚は文化差別であると憤る木樽に対し、「それは等価かもしれないけど、明治維新以来、東京の言葉がいちおう日本語表現の基準になっているの」とえりかは言い、「その証拠に、たとえばサリンジャーの『フラニーとズーイ』[2]の関西語訳なんて出てないでしょう?」[3]と、近代以降の日本語社会における標準語／共通語と地域方言の関係についてしごくまっとうな反応をします。「しごくまっとうな」と言っても、この作品の舞台と想像される一九七〇年代における標準語／共通語と地域方言の関係の捉え方として、ということですが。[4]

一九七〇年代が舞台だとしても、作品が発表された二〇一四年[5]の日本語社会における言語感覚で読んでしまうので、「僕」と木樽それぞれが相互の生育地の言語変種を入れ替える＝方言コスプレでアイデンティティーを置換しようとする設定は、とってもベタだなあ……！というのが、同作を読んでの正直な感想でした。一方、一九七〇年代に青年期を過ごした人の言語感覚アベレージあるいは、一九七〇年代という状況に基づくファンタジー設定としては、こういう設定になるのかな……とも思いました。

そういうわけで、「イエスタデイ」[6]に登場する方言コスプレキャラの台詞描写については初出に触れて以来注視していたので、英語翻訳が出た際も、それぞれの言語変種がどのように翻訳されるのか興味津々でした。

しかし、英訳版では木樽の「ニセ関西弁」台詞は、若干の若者ことば的な口語的要素を示す言語形式を除くと地域差などを示す非標準的な言語形式は反映されていませんでした。地の文に“with "the breezy Kansai dialect" "Kitaru had an almost pitch-perfect Kansai accent" とか「言語変種についての説明」を入れることによってのみ、木樽が非標準的言語変種である関西弁――この場合ニセ関西弁なんですが――を使っていることが示されるにとどまっていました。

おお！ これは発見と思いましたが、さにあらず。

すでに、村上作品の翻訳は、英訳に限らず各国語においても、もちろんここで取り上げた「イエスタデイ」に限らず、先に指摘したように台詞部分には非標準的な言語形式は取り入れられず、地の文で非標準的言語形式であることを指し示す方式が採られているのが一般的である、という指摘があるのでした。

それについては、山木戸浩子「日本語の文学作品における言語変種の英語翻訳――村上春樹（著）『海辺のカフカ』ナカタさんの話し言葉から考える」[7]や、大阪大学のレポジトリで公開されている『村上春樹翻訳調査プロジェクト報告書(1)〜(4)』などをご覧ください。

注

（1）のちに連載をまとめた単行本『女のいない男たち』（文藝春秋、二〇一四）では、「イエスタデイ」の歌詞が初出の冒頭三フレーズまでに短くされているのを始めとした改変がなされている。単行本「まえがき」によれば、「歌詞の改作に関して著作権代理人から「示唆的要望」を受けた。僕の方にもちろんそれなりの言い分はあるけれど（歌詞は訳詞ではなく、まったく無関係な僕の創作だから）、ビートルズ・サイドとトラブルを起こすのはこちらの本意ではないので、思い切って歌詞を大幅に削り、問題が起きないようにできるだけ工夫した」ということである。

（2）初出では、『フラニーとゾーイ』。

（3）東北弁のシェイクスピア劇はすでに登場しており、脚本集も刊行されている（シェイクスピア・カンパニー［https://www.shakespeare-company.net/］のシェイクスピア劇曲一〇作品・全五巻［下館和巳『東北シェイクスピア脚本集』ココ出版、二〇一六］）。

（4）文学作品としては、「ニセ東京弁」と「ニセ関西弁」を主題とする早い段階のものとして、井伏鱒二の「「槌ツァ」と「九郎治ツァン」は喧嘩して私は用語について煩悶すること」（『若草』一三（一一）、宝文館、一九三七）がある。

（5）同作が発表された二〇一四年一月は、ＮＨＫの朝ドラのヒロインが、自己発見ツールとしてヨソの方言を発見し、ニセ方言ヒロインとして活躍する方言コスプレドラマ『あまちゃん』（二〇一三年度前期）放送後である。

（6）Haruki Murakami “Yesterday” in *Men Without Women*: *stories*, translated from the Japanese by Philip Gabriel and Ted Goossen, New York: Alfred A. Knopf, 2017.

（7）『通訳翻訳研究への招待』一九、日本通訳翻訳学会、二〇一八

（8）金水敏編、大阪大学大学院文学研究科、二〇一八・二〇一九・二〇二〇・二〇二一　⑴ https://ir.library.osaka-u.ac.jp/repo/ouka/all/68235/　⑵ https://ir.library.osaka-u.ac.jp/repo/ouka/all/71875/　⑶ https://ir.library.osaka-u.ac.jp/repo/ouka/all/73835/　⑷ https://ir.library.osaka-u.ac.jp/repo/ouka/all/79003/

本コラムで着目する村上作品における「関西弁」については、報告書（4）所収の金水敏「村上春樹と関西方言について―遠心的／求心的な移動とポリフォニー―」でも詳しく論じられている。

第10章

「方言萌えマンガ」の登場とその行方

『方言少女かんさつにっき　アンソロジーコミック』
（REX COMICS、一迅社、2018）

第9章では、二〇〇〇年代以降の「方言萌え」の歴史をたどってきました。本章では、「方言萌え」界で始動しはじめたニュータイプを取り上げます。ストレートな「方言萌え」発、地元ディスり期経由の進化形「方言萌え」コンテンツの一例として、二〇一〇年代後半に続々登場してきた「方言萌えマンガ」とそこに登場する方言キャラを読み解きます。[★1]

「方言萌えマンガ」はジャンルとして確立されてきたばかりでなく、その進化形態の一つとして、メタ的視点をもつこじらせ系の「地元ディスり愛コンテンツ」という新しいページも加えられつつあり、ヴァーチャル方言筋としては、今後の行方が気になるコンテンツの一つです。

★1 田中ゆかり「方言とポップカルチャー──「方言萌えマンガ」から探る両者の関係」『日本語学』40(1)(明治書院、二〇二一)

「方言萌えマンガ」とは?

改めて「方言萌えマンガ」とは何か、わたしの考えを示します。

まず、第一に「方言をしゃべるキャラ」が主人公格で、そのテーマは「方言」や「地域文化」の小ネタギャグがメインであり、ストーリーは度外視されることが多い。何より大切なのは「方言をしゃべる主人公格キャラ」に「萌える」主人公格キャラ(たいていは主人公格の方言キャラとジェンダーが入れ替わる)が作

★2 吉村和真「マンガと表現」(吉村和真・田中聡・表智之『差別と向き合うマンガたち』臨川書店、二〇〇七)参照。吉村による

中に配置されていることで、もう一つ大事なポイントを加えるならば、作中で取り上げる「方言」や「地域文化」、さらにはそれらと結びつくステレオタイプを、作者も読者も客体視して（いるという前提で）描かれた作品だ、ということです。

先に挙げた特徴のうちのどれかを備えたマンガは以前から少なからず存在します。たとえば、「三大九州弁マンガ」★2の一つ『博多っ子純情』★3（長谷川法世、『漫画アクション』双葉社、一九七六〜一九八三年）は、主人公が方言キャラで、方言・地域文化についてのトピックがたびたび取り上げられ〝博多事典〟の異名をとるほどの作品ですが、博多を舞台とした若者の成長譚という物語を明確にもち、主人公の方言に萌えるキャラは登場しません。加えていうなら作中に取り上げられる「方言」や「文化」は、作者の「地元」であり作品の舞台でもある「博多」と固く結びつくものとして描かれており、その描写は「客体視」からは遠いものとなっています。一方で、定型化・類型化した方言や地域ステレオタイプとの結びつきもほとんど見受けられません。そのため、『博多っ子純情』は、「方言マンガ」ではあるものの、ここでいう「方言萌えマンガ」とは言えないのです。

単に「方言キャラ」が出てくる、ヴァーチャル方言が使われているということだけでは、それを「方言萌えマンガ」とは捉えない、ということです。

「三大九州弁マンガ」とは、松本零士『男おいどん』（『週刊少年マガジン』講談社、一九七一〜一九七三年）、畑中純『まんだら屋の良太』（『漫画サンデー』実業之日本社、一九七九〜一九八九年）と『博多っ子純情』。ちなみに『男おいどん』の主人公・大山昇太は福岡を想像させる「西のクニ」から大東京にやってきた上京青年で「すまんごわすばってんたい」というごちゃまぜ九州弁を、『まんだら屋の良太』の主人公・大山良太は架空の温泉郷と小倉を舞台とした「小倉弁キャラ」として造形されている。

★3

長谷川法世『博多っ子純情① 中学生編』（西日本新聞社、二〇〇五年四月）

「方言萌えマンガ」を読み解く

ここからは、先に示したいくつかの特徴を兼ね備えたものを「方言萌えマンガ」と呼び、読み解きの対象とします。「方言萌えマンガ」フィルターを通過した作品とキャラを一覧したものが、表10-1と（一八八頁）表10-2（一八九頁）です。

表10-1からは、「方言萌えマンガ」はすべて二〇一〇年代後半に描かれたものであることがわかります。そして、タイトルは、『博多弁の女の子はかわいいと思いませんか？』（以下、『博多弁』）や『方言って素晴らしいっていう漫画』（以下、『方言って…』）。ちなみに「方言って素晴らしい」ではなく「っていう漫画」と付け加えずにはいられないあたりが、これらの作品がテーマを客体視している証拠と言えましょう！）といったそのものズバリ、または「八十亀（名古屋弁のヤットカメ［お久しぶり］由来）」「広島」「もみじ（［もみじ饅頭］由来）」などといった「方言」「ご当地」を喚起するタイトルになっています。それぞれの単行本表紙カバーにも、主人公＋ご当地の名産・名所が「これでもかっ！」と描かれているという「わかりやすい」ご当地アピールがなされているところも「方言萌えマンガ」に共通する特徴です。★4

作品のテーマとなる「方言」は作者の出身地の「方言」と重なるものがほとんどです。また、作者のネット投稿が連載や単行本刊行のきっかけとなったも

★4 地域ステレオタイプを擬人化したブレイクスルー作品としては、二〇〇四年に日丸屋秀和の個人サイト「キタユメ。」（二〇一九年公開終了）で公開、その後商業化された国家の擬人化コメディWebマンガ『ヘタリア』がある。同作は地域ステレオタイプを日本語のヴァーチャル地域方言に仮託している点も「方言萌えマンガ」と親和性の高いコンテンツである（田中ゆかり『「方言コスプレ」の時代——ニセ関西弁から龍馬語まで』岩波書店、二〇一一）。

図 10-1　新島秋一『博多弁の女の子はかわいいと思いませんか？①』（チャンピオン RED コミックス、秋田書店、2016、マンガクロス連載中）

図 10-2　安藤正基『八十亀ちゃんかんさつにっき①』（REX COMICS、一迅社、2016）

図 10-3　つくしろ夕莉『広島妹　おどりゃー！　もみじちゃん!!①』（角川コミックス・エース、KADOKAWA、2018）

図 10-4　にーづま。『方言って素晴らしいっていう漫画』（ID コミックス、一迅社、2018）

表 10-1 「方言萌えマンガ」作品一覧

作　品	作者 / 出身地	レーベル / 出版社 / 1 巻刊行年月	掲載誌 / 出版社 / 掲載開始年月	ネット投稿
博多弁の女の子はかわいいと思いませんか？	新島秋一 / 福岡県出身・在住	チャンピオン RED コミックス / 秋田書店 / 2016 年 12 月	チャンピオンクロス / 秋田書店 / 2016 年 6 月	Twitter 投稿
八十亀ちゃんかんさつにっき	安藤正基 / 愛知県一宮市出身・名古屋市在住	REX COMICS / 一迅社 / 2016 年 12 月	月刊 ComicREX / 一迅社 / 2016 年 5 月	Twitter 投稿
広島妹　おどりゃー！　もみじちゃん!!	つくしろ夕莉 / 広島県福山市出身	角川コミック・エース / KADOKAWA / 2018 年 12 月	ヤングエース / KADOKAWA / 2018 年 6 月	—
方言って素晴らしいっていう漫画	にーづま。/ 出身地不明	ID コミックス / 一迅社 / 2018 年 12 月	—	Twitter 投稿

表 10-2 「方言萌えマンガ」主要キャラ一覧

作品	位置づけ	名前（よみ）	言語変種	性別	職業
博多弁の女の子はかわいいと思いませんか？	ヒロイン	博多乃どん子（はかたのどんこ）	博多弁	女	高校生
	ヒーロー	東京（あずまみやこ）	共通語	男	高校生
	サブ	下町子（したまちこ）	共通語	女	高校生
八十亀ちゃんかんさつにっき	ヒロイン	八十亀最中（やとがめもなか）	名古屋弁	女	高校生
	ヒーロー	陣界斗（じんかいと）	共通語	男	高校生
	サブ	只草舞衣（ただくさまい）	共通語　ごくまれに岐阜弁	女	高校生
	サブ	笹津やん菜（ささつやんな）	三重弁	女	高校生
	サブ	陣繁華（じんとしか）	共通語	女	高校生
広島妹　おどりゃー！　もみじちゃん!!	ヒロイン	日之丸［秋月］もみじ（ひのまる［あきづき］もみじ）	広島弁（安芸弁）	女	中学生
	ヒーロー	日之丸一都（ひのまるいっと）	共通語	男	高校生
	サブ	瀬戸内びんご（せとうちびんご）	共通語（お嬢さま語寄り）備後弁	女	高校生
	サブ	染野カモメ（そめのかもめ）	共通語（ギャル語寄り）	女	中学生
	サブ	染野千鳥（そめのちどり）	共通語	男	高校生
方言って素晴らしいっていう漫画	ヒロイン	福原夢子（ふくはらゆめこ）	共通語　気が緩むと福岡方言	女	大学生
	ヒーロー	青山蒼（あおやまあおい）	津軽弁	男	大学生
	サブ	東京子（あずまきょうこ）	共通語	女	大学生
	サブ	坂口大輝（さかぐちだいき）	共通語、大阪弁	男	大学生

のが多く、ネット投稿をきっかけに雑誌連載がスタートした方言ステレオタイプ書き換え欲求作品『チクホー男子☆登校編』（美月うさぎ、『モーニング』講談社、二〇一四年）との共通性・連続性を感じさせます。「漫画賞に応募→入賞→地方在住者は上京→アシスタントをしながら修行→デビュー→連載スタート」という「連載漫画家になるまで」のかつての本筋とは大きく異なり、地方在住のまま副業の一つとしてネット連載を続ける漫画家も増えており、「方言萌えマンガ」の作者も多くのケースにおいてその例に漏れません。「ご当地」に住み続けながら描く方言マンガと、単身上京した上で描く方言マンガとでは、そこに投影される「方言」や「ご当地」に対する意識が大きく違うのは当然でしょう。

作者自身による単行本等での「あとがき」やSNS投稿などからの推測となりますが、これらの作品には、テレビドラマでいうところの「方言指導」は導入されておらず、当該地出身の作者自身と作者の家族等身の回りの人や、場合によっては当該地か近隣地出身の担当編集者らがサポートすることによって、「方言」等の質を担保しようとしているようです。

一方、「方言女子」に萌える『博多弁』、『八十亀ちゃんかんさつにっき』（以下、『八十亀ちゃん』）、『広島妹　おどりゃー！　もみじちゃん!!』（以下、『もみじちゃん』）と、「方言男子」に萌える『方言って…』には、異なるところが多く認められ、形態からしても異なっています。前者の「方言女子萌えマンガ」の基本形はみな四コマベースのギャグマンガであるのに対し、後者の「方言男子萌えマンガ」はラブコメ・ストーリーマンガです。

「方言萌えマンガ」の共通点

以下では、表10-1に示した「方言萌えマンガ」の多数派を占める若年男子を想定読者とする掲載誌に連載されている「方言女子萌えマンガ」を中心に見ていくことにします。これらには、さまざまな共通点が認められます。

まずは、「方言女子」がヒロイン、「方言女子」に萌える「共通語男子」がヒーローという構造をもつ（表10-2参照）、主として学園を舞台とするギャグマンガで、ヒーローとヒロインの出会いのきっかけもどちらかの「転校」という設定が大きな共通点です。「転校」という移動による異なる言語変種との接触が物語の発端となるわけです。また、欄外または別ページにご当地のもの・ことについての作者または担当編集者による「解説コラム」が設けられているところも共通しています。

「ご当地あるある」については、作者も読者もおおむね客体視可能な時代を迎えているため、ディスりも辞さないところもこれら「方言萌えマンガ」の特徴です。

図 10-5　安藤正基『八十亀ちゃんかんさつにっき①』(REX COMICS、一迅社、2016) 8 頁

そのスタンスは、図10-5のような『八十亀ちゃん』第一巻の本編開始前に配置される「おことわり」と共通語ヒーロー（陣界斗《じんかいと》）の間髪おかぬツッコミから見て取れます。ちなみに、ディスりも辞さないこのマンガの女子高生ヒロイン「八十亀ちゃん」は名古屋市から「観光文化交流特命大使」に二〇一七年二

月に任命されています。[★5]

キャラのネーミング

これら「方言萌えマンガ」のヒロインとヒーローのネーミングは、とても「わかりやすい」作りになっています（表10-2参照）。「博多」「どん（たく）」「ヤットカメ」「もみじ」と地名またはご当地性の高いものやこと、あるいはご当地の俚言《りげん》に基づくパーツによる命名の方言女子キャラに、「東京」「都」「都会（都会人：トカイジン←ジン・カイ・ト［陣界斗］）」という「東京」「都会」パーツによる命名の「共通語男子」という具合です。サブキャラの命名にもこの原則は適用されており、方言キャラはご当地パーツが、共通語キャラは東京・都会パーツが組み込まれます。

少々わかりにくいところでも、東京都の花・ソメイヨシノ由来の「染野」が共通語キャラ兄妹に、都民の鳥であるユリカモメ由来の「カモメ」がギャル語寄り共通語キャラに組み込まれている程度でしょうか。

「方言男子萌えマンガ」の『方言って…』[★6]のキャラも、出身都府県に由来する漢字が織り込まれた命名となっており、この点は「方言女子萌えマンガ」と共通しています。

★5 「「八十亀ちゃん」名古屋市の観光大使に　漫画の女子高生キャラ」（二〇一七年二月二七日・日本経済新聞電子版）

★6 福岡出身のヒロインが福原、青森出身のヒーローが青山など。

方言ヒロインの「萌え属性」

加えて、「方言ヒロイン」には「萌え属性」が「これでもかっ！」と付与されます。すべてのヒロインに付与される「萌え属性」は「天然」「ドジっ子」。他にも「ツンデレ」（八十亀ちゃん、もみじちゃん）、「ネコ（ネコ耳髪型＋ネコ的性質・動作）」（八十亀ちゃん）、「血のつながらない妹」に「萌え袖」（もみじちゃん）なども加味され、「萌え」度の高い設定となっています。

ここで、第一巻における各ヒロインとヒーローの出会いのシーンの台詞をそれぞれ見てみましょう。それぞれの「方言」を四角で囲みます。方言マーカーもりもりなヒロインに対し、ヒーローは驚いたり、「きゅーん」と萌えフラグを立てたりしています。

博多乃《はかたの》どん子《こ》：うわー!!　京　めっちゃ　久しぶりやん!!　全然変わって なかねー　元気しとった!?　なつかしかあー!!

東　京《あずまみやこ》（内言）：!?　何語!?

『博多弁の女の子はかわいいと思いませんか？①』四頁

八十亀《やとがめ》最中《もなか》：（落とし物を捜しながら）にゃあ　にゃあ（中略）にゃあー にゃあよ〜〜

陣界斗《じんかいと》：きゅーん［オノマトペ］

『八十亀ちゃんかんさつにっき①』一四頁

日之丸一都《ひのまるいっと》：俺は日之丸一都　今日から　君のお兄ちゃんだよ　よろしく
ね　もみじちゃん！
もみじ：（すぅ…）おどりゃあ　何気安く　呼んどるん　じゃあ!!!
一都：ヒェッ！⁉

『広島妹　おどりゃー！　もみじちゃん!!　①』一～二頁

方言女子のセンターとサブ

主人公格の方言ヒロインに加え、ヒロインを取り巻くサブの「方言女子」が登場するのも、「方言萌えマンガ」の特徴です。
「名古屋弁ヒロイン」（八十亀ちゃん）には方言認知度としては相対的に低い近隣の「岐阜弁女子」と「三重弁女子」が配置され、「広島弁ヒロイン」（もみじちゃん）には同じ広島県内ながら岡山県寄りの「備後弁（福山弁）女子」を配置するなどといった特撮戦隊もの的、もといグループアイドル的なフォーメーションとなっています。彼女らは、「方言女子」を多く登場させるだけの目的で配置されているわけではなく、地域内ヒエラルキーというちょっと危険なネタを投入するための装置でもあるのです。

「方言萌えマンガ」の舞台となる地域が、作者の出身地であるというだけでなく、従来の方言イメージ調査では特定のイメージとの結びつきの弱い地域の方言または男性ジェンダー性の高いステレオタイプと結びついた方言が選択されていることは偶然ではなく、方言ステレオタイプを活用しつつ、「方言ヒロイン」の「かわいさ」とのギャップ萌えを狙ったものと言えるでしょう。

表10-3は、[7]二〇一〇年に全国に居住する一六歳以上の男女を無作為抽出の上で実施した全国方言意識調査における方言とイメージの結びつきを示したものです。左列に地域または都道府県名、右方向に八つのイメージ語が並んでいます。◎・○・△がついているところが当該の地域や都道府県との結びつきが強いイメージです。

「博多（福岡）」は「男らしい」、「広島」は「怖い」イメージと結びついています。これらがそのような結びつきをもつのは、一九七〇年代に人気を博した東映・実録ヤクザ映画などでこれらの「方言」が盛んに用いられたことに由来するものです。[8]

作中でもこのヤクザステレオタイプに対する言及が「博多弁」「広島弁」ヒロインが登場する、どちらの作品にも認められます。

★7 田中ゆかり『方言萌え⁉ ヴァーチャル方言を読み解く』（岩波ジュニア新書、岩波書店、二〇一六）、一〇二頁より。

★8 田中ゆかり『「方言コスプレ」の時代——ニセ関西弁から龍馬語まで』（岩波書店、二〇一一）参照。

どん子：じゃあ後ろに　ヤクザがおったら　相談するね
京《みやこ》：まってまって　ちょっとまって　仮定が怖すぎ　なんだけど
欄外手書き（京の内言）：福岡はヤクザがバックがありえるの？
『博多弁の女の子はかわいいと思いませんか？①』三二頁

表 10-3　8つのイメージ語にあてはまる「方言」

2010 年全国方言意識調査（n=1,347）

〔B〕地域ブロック 都道府県	イメージ語							
	おもしろい	かわいい	かっこいい	温かい	素朴	怖い	男らしい	女らしい
〔B〕東北	△			○	**◎**			
青森	○				○			
秋田					△			
〔B〕首都圏								
東京			**○**					
〔B〕近畿								
京都		**◎**		△				**◎**
大阪	**◎**		△			**◎**		
〔B〕中国								
広島						△		
〔B〕四国								
高知							△	
〔B〕九州							**◎**	
福岡							△	
熊本							△	
鹿児島							○	
〔B〕沖縄								
沖縄	○			**○**				

〔凡例〕◎：10% 以上、○：5% 以上、△：3%以上、白黒反転は選択率 1 位
〔B〕は地域ブロックを示す。

一都《いっと》（父に）：あの喋り方…絶対ヤ○ザじゃん！
もみじ（一都に）：広島弁じゃ!! 聞こえとるんじゃけど!!
もみじ（内言）：初めて新しい家族に　会うんじゃけぇ　仲良うせんと　って思よーたのに　緊張して　心にもないこと　言ってしもうた…　ただでさえ　広島弁は怖い　思われとるんじゃけぇ　方言出んよう　考えて喋らんと…

『広島妹　おどりゃー！　もみじちゃん!!　①』五、七頁

「名古屋（愛知）」は表10-3には登場していません。これは、この調査において示した八つのイメージ語と「愛知県」は結びつきにくい、すなわち特定の「方言イメージ」を喚起する力が希薄である、ということを意味しています。方言ステレオタイプの観点から見れば、特定のイメージ語との結びつきが弱く、かつ「記憶に残る方言キャラ」の少ない[★9]「名古屋弁ヒロイン」（八十亀ちゃん）は、方言ヒロイン空白地域であることを逆手にとったものと言えるでしょう。

方言ステレオタイプの観点から見れば、「名古屋弁ヒロイン」はこれまでにないヒロイン像の創出、「博多弁」「広島弁」のヒロインにおいては、従来のステレオタイプを逆手にとったご当地ディスり兼ヒロインに対するギャップ萌え

★9 「コラム1」参照。「二〇一五年全国方言意識Ｗｅｂ調査（n=10,689）」に基づく「名古屋」「愛知」の方言にからむ「記憶に残る方言キャラ」は、回答者の1％以上が挙げた五二体の中に、「愛知・関西」のごちゃまぜ弁を話す宇宙人の「ニコチャン大王」（鳥山明『Dr. スランプ』、『週刊少年ジャンプ』集英社、一九八〇～一九八四年）のただ一体のみ。

創出の装置となっていることがわかります。
もはや、「女らしい」「かわいい」のような女性ジェンダー寄りのステレオタイプとの結びつきが強固な「京都弁ヒロイン」ではものたらなくなっている「今」を感じさせるニュータイプ方言ヒロインの造形が認められるのが「方言萌えマンガ」と言えるでしょう。

客体視される「方言」

もう一つ興味深いのは、ベタな方言をしゃべるヒロインを設定する一方で、「今ドキの普通の若者は、そんなに方言はしゃべらない」という視点も作中にも組み込まれている点です。

界斗《かいと》（男子クラスメイトに）：オレ…名古屋人は　もっとアホみたいに　皆
　方言使うのかと…
クラスメイト1：方言？
クラスメイト2：市長★10　くらいしか　使わねーよな
『八十亀ちゃんかんさつにっき①』一一頁

作者自身も、作中の方言はふだん使いの方言とは異なる水準にあることを明

★10 欄外の「やとがMEMO」に「現名古屋市長・河村たかし氏。二〇〇九年から市長を務めていて、方言を多用する人物としても市民などから広く親しまれている。ちなみに本人のTwitterでもその方言っぷりを伺い知れる」とある。

確に意識しているようです。以下は、『博多弁』の作者が、作中のどん子の博多弁は不自然だという投稿を受けてのツイートです。

@makimaki_beer　ああいやいや、方言広めたいなーって事で描いてるので実際きつめの方言にしていて、この話言葉くらい訛ってる人は若い世代ではそうそう見かけな位と思います(´∀`)笑
改めて県外にも県内にも良さ広まって、使う人増えたらいいなーとぽわーっと思ってます！★11

この「方言ヒロイン」に与えられた「濃いめ」のヴァーチャル方言に対するエクスキューズは、作者自身があえての濃いめを使ってキャラ付けしています、という宣言であるのと同時に、ネット連載という性質上、炎上防止策とも解釈できます。

じつは、「方言でキャラを作る」こと自体を客体視した作品もアンソロジー作品としてすでに登場しています。

「名古屋弁・京都弁・博多弁…etc.／方言ってカワイイと思いませんか？　地方出身・在住の作家勢による、「方言少女」を観察する局地アンソロジー全国版!!」と帯であおる『方言少女かんさつにっき　アンソロジーコミック』★12に収

★11　新島秋一 @niijimaakiichi　二〇一六年二月七日 https://twitter.com/niijimaakiichi/status/696165476854951936

★12　本章の扉頁参照。REX COMICS（一迅社、二〇一八）

められた美川べるの「【北海道】北の国から×2」です。

この作品は、「北の国からやってきた転校生」「方言少女」としてキャラを生きる女子高校生の高橋栄《さかえ》（札幌市東区出身）と、彼女のクラスに、新たに北海道の富良野から転校してきた佐藤弥生《やよい》の「方言スタンス」の違いを描いたものです。栄は、方言でキャラ作りしない弥生から「貴方《あなた》は北海道を愛しているんじゃない…方言を使う自分が可愛いだけ」と一刀両断され、「わざとらしい方言をやめ」、「作っていないそのままの北海道を愛す」キャラに変貌します。「作っていないそのままの北海道」弁は、ほぼほぼ方言アクセントの違いに回収されるため、担任の教師が「…方言女子がテーマなのに／紙媒体じゃ伝わりにくい!!」と逆ギレしてこのストーリーは終わります。

この作品における「方言女子」のビフォア（作り込んだ方言少女キャラ）・アフター（作っていないそのままの「北海道弁キャラ」）を台詞で確認してみましょう。語彙・文法・発音に関わる部分を傍線で示し、アクセント部分を四角で囲みます。

【before】（実際の作品では、以下のわざとらしい北海道弁台詞は丸文字風フォントで、通常の台詞の明朝体とフォントで差別化されています。図10-6の（上）参照。）

高橋栄：今日もいちんち　なんまら　はっちゃきこいていくべさ――♡♡

【after】（実際の作品では、通常の台詞と同様、傍線で示した部分も明朝体。図10-6の下参照。）

高橋栄：おはよ――！　いや――　今日　なまら暑っつく　なーい？／今日　体育　ジ(→)ャー(→)ジ(↗)　着るー？

佐藤弥生：椅(→)子(↗)んとこに　かけといて

ラストの「先生」の台詞の通りです。語彙・文法・発音の違いはわかりやすいが、アクセントは紙媒体では伝わりにくい！★13（しかも、アクセントは拍単位にかかるので「ジ」と「ャ」の間に高低指示が入るなど「→」の位置が謎な上に、そのあとの「↗」自体がどこの高低を意味するのかさえよく伝わりません……。共通語アクセントとはどこかが「違うらしい」というマーカーとしては機能していますが……。）

二〇世紀の後半から急速に共通語化が進んだことによって、共通語との差異が明瞭なリアル方言を話す話者が若年層を中心に減少。このことが「方言」の価値を高め、二〇〇〇年代以降の「方言萌え」の時代の背景となりました。しかし、前述の通り、さらなるリアル方言話者の減少が、二〇〇〇年代以降の「方言萌えコンテンツ」を三次元から二次元に移行させた小さくない要因と推測されます。その結果、二次元の「方言萌えマンガ」は、地元愛をこじらせた

★13　第1章で取り上げた「そだねー」が形式としては他の地域でも用いるものであるため、アクセントとイントネーション込みでの「北海道弁」であることが、発話者本人たちにとって意外であったことにつながる。

図 10-6　美川べるの「【北海道】北の国から×2」(『方言少女かんさつにっき　アンソロジーコミック』REX COMICS、一迅社、2018) 5 頁 (上) と 10 頁 (下)

ディスり期を経て、方言ステレオタイプ含めご当地のもの・こと・ことばを客体視する前提に立つ「方言萌えマンガ」という分野の確立を見たわけです。

「方言萌えマンガ」の新しい流れ

「方言萌えマンガ」の新しい動向を示すのが、二〇二〇年一月からWeb連載がスタートした『沖縄で好きになった子が方言すぎてツラすぎる』★14（以下、『沖ツラ』）です。同作は、東京からの転校生の共通語男子が方言ヒロインに萌えるという構造をとっているところや、ご当地あるあるの小ネタメモが設けられているのは、「方言萌えマンガ」の枠組みを踏襲するものです。しかし、「方言萌え」が新たな局面を迎えたことを示す特徴をもつコンテンツになっています。

大衆的なコンテンツにおいて、「わかりにくい方言」を読者に伝える方法としては、従来、欄外解説やルビ、説明的台詞などを用いるのが一般的でした。同作は、それらの手法も用いつつ、方言ヒロイン（喜屋武ひな：第一巻表紙右側）と共通語男子の主人公・中村照秋（と読者）をつなぐバイリンガルな第二ヒロイン（比嘉夏菜：第一巻表紙左側）を登場させるという、ラブコメならではの新たな「手法」を投入してきました。

加えて同作では、方言ヒロイン・喜屋武さんは「方言すぎてなに言っているかわからない／七〇代のうちなーぐち相当」（五つ☆レベル）、バイリンガルヒロ

★14『沖縄で好きになった子が方言すぎてツラすぎる』（空えぐみ、『くらげバンチ』新潮社）https://kuragebunch.com/episode/10834108156739758650

空えぐみ『沖縄で好きになった子が方言すぎてツラすぎる①』（バンチコミックス、新潮社、二〇二〇）

イン・比嘉さんは「幼馴染の喜屋武さんやおじいおばあと交流があるので大体わかる」（四・五☆レベル）から、共通語男子・照秋「方言わからなすぎてツラすぎる」（☆はゼロ）まで五段階の「登場人物うちなーぐちレベル」（第一巻五一頁）が設けられています。

この設定により、「共通語男子が方言ヒロインに萌える」だけでなく、方言ヒロインと通訳者ヒロインというダブルヒロインの間を揺れ動く主人公男子というラブコメの王道を可能にし、『沖ツラ』の萌え度が一段とアップしていることは間違いありません。

また、同作では、その舞台が全国共通語から距離の遠い沖縄方言（うちなーぐち）の分布する「沖縄」であることに加え、作者は大阪府出身★15ながら、作品内で用いられる方言には、「うちなーぐちは譜久村帆高さんに監修してもらっています。」と監修者（前出のWebマンガサイトによる作者の言）を設け、ヴァーチャル方言の質を担保しようとしています。

本土方言分布域の若年層においては、共通語化がほぼ完了し、「方言ヒロイン」にリアルさを感じにくくなっている中、『沖ツラ』は、これまではその言語的距離の遠さからポップカルチャーにおいてはその採用の遅れていたヴァーチャル沖縄方言に着目した作品と言えるでしょう（「コラム7」参照）。先に見てきた典型的な「方言萌えマンガ」はご当地出身の作者によるご当地感覚に基づ

★15「空さんは大阪出身。二年半前に自身のルーツである沖縄に移住を決めました。」（「しまくとぅば検定 マンガ家 空えぐみさん」二〇二〇年九月一八日（金）一九時五四分配信・琉球朝日放送報道製作局 QAB NEWS Headline）
https://www.qab.co.jp/news/2020091829415.html

く作品群[★16]であるの対し、『沖ツラ』は移住者による「異文化体験」としてコンテンツが成立しています。共通語から距離の遠い「うちなーぐち」は、その装置として用いられているのです。

二〇世紀の後半に急速に共通語化が進んだことによって、共通語との差異が明瞭なリアル方言を話す話者が若年層を中心に減少しました。このことが「方言」の価値を高め、二〇〇〇年代以降の「方言萌え」の時代の背景となっています。その後のリアル方言のさらなる後退が、二〇一〇年代後半以降の方言萌えコンテンツを三次元から二次元に移行させた小さくない要因と推測できます。

少なくとも言語意識の上では全国各地でさらに進む脱ご当地方言化は、コンテンツ内の方言ヒロインにさえカギ括弧付きの「リアルさ」を読者に感じ取れなくさせ、その結果、方言萌えの対象を三次元から二次元へ、方言ヒロインのことばを本土各地の方言からより共通語からの言語的距離の遠い「うちなーぐち」へとシフトさせてきました。

ますます「方言」の共通語化、簡略化が進んでいく中で、一〇年後、二〇年後には、ポップカルチャーをはじめとした各種コンテンツ類に「方言」はどのように用いられているのでしょうか。タイムマシンにでも乗って、未来のコンテンツを先取りして見てみたい気持ちにかられます。

★16 親戚や友人知人、担当編集者などの協力を得ていることはどの作品においても随所で述べられているが、基本は作者自身の土地との結びつきに由来している。

Column 7

「テニミュ」から見る新たな第三極「沖縄方言キャラ」

第10章では、方言キャラの進化形として「方言萌えマンガ」に登場する方言ヒロインを取り上げました。そこでは、方言ヒロイン空白地帯や、従来の方言ステレオタイプを茶化しつつ、ギャップ萌えを狙うなどといった方略が用いられていることを指摘しました。大衆的コンテンツにおけるヒーロー／ヒロインが、物語の筋を運び、読者が自己投影しやすい透明なことばである共通語が選択されるという「役割語」のお約束に則った共通語キャラとして造形される場合、方言キャラはサブキャラとして登場します。その場合の方言キャラの第一選択肢は「関西弁キャラ」、続いて「東北弁」または「九州弁」のキャラであること、「コラム1」（一七頁）において、見た通りです。少年マンガの定番であるバトルものやスポーツものの、非主人公格のキャラに多くの方言キャラが登場するのは、ヴァーチャル方言が登場キャラ数の多いコンテンツのキャラ付けのツールとして便利だからです。

ここでは、近年、人気沸騰中の2・5次元ミュージカルの方言キャラを取り上げ、日本語社会の時代を映す鏡としての新たな第三極「沖縄方言キャラ」が台頭しつつあることを述べたいと思います。

2・5次元ミュージカルとは、マンガやアニメ、ゲームなどの「2次元」を原作とするもので、俳優らが登場人物を演ずる商業演劇の一種です。2次元のキャラクターを俳優が演ずるので実際には3次元ですが、3次元俳優が2次元に寄せた形で演ずることを比喩的に2・5次元と呼んでいます。また、歌と踊りを主とする演劇を一般には「ミュージカル」と呼びますが、「2・5次元ミュージカル」を商標登録する団体である一般社団法人日本2・5次元ミュージカル協会では以下のように定義しています。

2次元の漫画・アニメ・ゲームを原作とする3次元の舞台コンテンツの総称。早くからこのジャンルに注目し、育ててくれたファンの間で使われている言葉です。音楽・歌を伴わない作品であっても、当協会では2・5次元ミュージカルとして扱っています。

「2・5次元ミュージカルとは?」(1)

ここでは、スポーツバトル系の少年マンガを原作とし、各種メディアミックスの対象となり、若い女性を中心に人気を博す2・5次元ミュージカルの代名詞ともなっている『テニスの王子様』に登場する主要な「方言キャラ」を取り上げます。

『2・5次元舞台へようこそ――ミュージカル『テニスの王子様』から『刀剣乱舞』へ』(星海社新書、星海社、おーちようこ、二〇一七年)によると、標題の二作が二〇一〇年代以降の2・5次元隆盛の契機となった作品であるのと同時に、現在でもチケット入手困難な作品だそうです。

ミュージカル『テニスの王子様』の原作は一九九九年から二〇〇八年三月まで『週刊少年ジャンプ』(集英社)に連載された許斐剛による同名タイトルの少年マンガ(2)で、その後アニメ化や実写映画

化などを経て、2・5次元ミュージカル化されました。(3)

『テニスの王子様』は、原作、アニメ、実写、2・5次元を問わず、ストーリーはほぼ同じで、次のようなものです。テニスの名門校・青春学園中等部に進学した天才主人公・越前リョーマがテニス部のレギュラー選手としてチームのメンバーとともに地区予選、都大会、全国大会を戦いぬき、全国優勝を果たす、という典型的な「チームスポーツ系バトルもの」のコンテンツです。よって、登場キャラクター数も多く、全国大会の模様を描くために各地を拠点とする選手が登場するために、「方言キャラ」も数多く登場します。

次頁の表は、同作に登場する主要な方言キャラとそのキャラクター属性を一覧したものです。この表を作成するに際しては、『新テニスの王子様』公式サイト掲出の情報を用いました。(4) 調査は二〇一八年一〇月に実施したため、データは調査時掲出のキャラクターです。表中のキャラの所属する中学校の所在地とキャラに付与されたヴァーチャル方言の一致・不一致については著者の判断によるものです。

表の通り、主要な方言キャラは一六体です。ヴァーチャル方言を登場数の多い順に示すと、「大阪方言」七体、「沖縄方言」五体、「熊本方言」二体、「関西方言」一体、「広島方言と高知方言が混在」のミックス方言キャラ一体です。中学校所在地と一致しないキャラは四体あり、うち三体は東京・神奈川の首都圏の中学校に在学するキャラ、一体は大阪の中学校に在学する「熊本方言キャラ」です。

方言キャラの出現数の観点からは、中学校所在地が沖縄の「沖縄方言キャラ」が五体と多いことが「テニミュ」の特徴として指摘できます。ヴァーチャル沖縄方言が本格的に登場してきた契機と

表　『テニスの王子様』方言キャラ（学校・所在地・キャラ情報等）

キャラクター名	学年	使用方言	学校名	学校所在地	所在地と方言一致・不一致	キャラクター情報
白石蔵ノ介	3年生	大阪方言	四天宝寺中学校	大阪府	○	テニス部部長。突出した才能が集う四天宝寺を率いる。完璧に基本を極めるそのプレイはまさに聖書（バイブル）。静けさの中にも、情熱をひめている。
金色小春	3年生	大阪方言	四天宝寺中学校	大阪府	○	「笑かしたモン勝ち」の精神を貫く芸人魂の持ち主。その実、IQ200の頭脳で勝利への行程を全てはじきだす。
一氏ユウジ	3年生	大阪方言	四天宝寺中学校	大阪府	○	小春とペアを組み、私生活でも小春一筋……!?　相手の技だけでなく、声、仕草までもコピーし、混乱の渦を巻き起こす。
忍足謙也	3年生	大阪方言	四天宝寺中学校	大阪府	○	浪速のスピードスター。高速移動であらゆる打球に追いつくことができる。氷帝の忍足侑士とは従兄弟。
石田銀	3年生	大阪方言	四天宝寺中学校	大阪府	○	ありあまるパワーを以って、その力を封じるすべをも極めた求道者。礼に始まり、礼に終わる姿勢から、部員からは「師範」と呼ばれ慕われている。
財前光	2年生	大阪方言	四天宝寺中学校	大阪府	○	2年生にして、四天宝寺のレギュラーの座を勝ち取った逸材。先輩にも物怖じせず軽口をたたき、ひょうひょうと我が道を行く。
遠山金太郎	1年生	大阪方言	四天宝寺中学校	大阪府	○	天真爛漫な性格そのままな、プレイスタイル。小さな肉体に、恐るべき筋力、瞬発力、持久力を秘めている。
千歳千里	3年生	熊本方言	四天宝寺中学校	大阪府	×	ひたすらにテニスと己の「可能性」を求める。一瞬でゲームの流れを予測する「絶対予告」を得意とする。
木手永四郎	3年生	沖縄方言	比嘉中学校	沖縄県	○	テニス部部長。非情で冷徹なプレイスタイルから「殺し屋」の異名で怖れられるが、その内には、熱い激情がほとばしる。
甲斐裕次郎	3年生	沖縄方言	比嘉中学校	沖縄県	○	変幻自在な裏手の名手。気分屋だがいったん「本気モード」に入ると、そのテンションを制止するのは至難の業。
平古場凛	3年生	沖縄方言	比嘉中学校	沖縄県	○	陽気な沖縄気質と華麗なプレイ。束縛されることを何より嫌い、己を貫く誇りと情熱を抱いている。
知念寛	3年生	沖縄方言	比嘉中学校	沖縄県	○	感情を表に出さず、言葉数も少なめ。相手に胸中を読ませぬ不気味な恐怖感を与える。
田仁志慧	3年生	沖縄方言	比嘉中学校	沖縄県	○	一撃必殺のパワープレイヤー。短気で好戦的。大声で威嚇しながら、徹底的にパワーで敵をはねとばす。
忍足侑士	3年生	関西方言	氷帝学園中等部	東京	×	対戦相手に一切の感情を悟らせず、クールに闘う氷帝の天才。千の技を持つと言われている。
橘桔平	3年生	熊本方言	不動峰中学校	東京	×	テニス部部長。「猛獣のオーラ」を放ち攻撃的なテニスをする。かつては四天宝寺の千歳千里と並んで「九州二翼」と呼ばれた全国区選手。
仁王雅治	3年生	広島方言・高知方言が混在	立海大附属中学校	神奈川県	×	変幻自在、予測不可能なプレイで対戦相手を翻弄させる。コート上の詐欺（ペテン）師とも呼ばれる。

なった作品はＮＨＫ連続テレビ小説『ちゅらさん』（二〇〇一年前期放送）です。同作は、一九九〇年代半ばから沖縄文化・沖縄方言に対する関心が高まるなかでの[5]、満を持してのヴァーチャル沖縄方言ドラマの朝ドラへの進出でした。「テニミュ」の原作の連載開始は一九九九年であり、まさにそのような時代を映す鏡として「沖縄方言キャラ」が多く登場したものと想像されます。新たな第三極の台頭です。

一方、「テニミュ」に登場する方言キャラは、いわゆる方言ステレオタイプとは一致しないキャラも多く登場します。チームスポーツバトル系であるため、方言ステレオタイプとの結びつきが前景化した「キャラ用法」よりも、「どこの地域のチームであるのか」という「地域用法」がせり出したコンテンツであるためと推測されます。

所在地が首都圏または大阪の中学校チームに所属する方言キャラは、それらのチームの中におけるキャラ描き分けとしてヴァーチャル方言が用いられています。

「共通語」がベースの所在地が首都圏の中学校チームにおいては、「「猛獣のオーラ」を放ち攻撃的なテニスをする」キャラ（橘桔平）に「男らしい」方言ステレオタイプをもつ「熊本方言」が使われています。「変幻自在、予測不能なプレイで対戦相手を翻弄させる」キャラ（仁王雅治）には「怖い」という方言ステレオタイプをもつ「広島方言」と「高知方言」が〝予測不能〟に混在するミックス方言が付与されています。

「大阪方言」を主とする主要なライバル校である「四天宝寺中学校」チームにおいては、「ひたすらにテニスと己の「可能性」を求める」求道的なキャラ・千歳千里に「男らしい」方言ステレオタイプをもつ「熊本方言」が付与されるなどしており、キャラを浮き上がらせるツールとしてヴァーチャル方言を用いる「キャラ用法」も投入されていることがわかります。

「沖縄方言」の勢力が大きく張り出してきているのは、どうも方言キャラ界だけのことでもなさそうです。LINEのコミュニケーションツールの一つである方言スタンプにおいても「沖縄方言」スタンプがもっとも優勢となっています。(6) こうした勢力の拡大は一九九〇年代半ば以降の沖縄文化への関心や移住熱の高まりや、「沖縄語」を含む琉球諸方言がユネスコによって二〇〇九年に危機言語指定(7)を受けたことなどにも関わりがありそうです。

注

（1）一般社団法人日本2・5次元ミュージカル協会公式サイトより。https://www.j25musical.jp/

（2）続編の『新テニスの王子様』が『ジャンプスクエア』で連載中（二〇〇九年八月号〜）。

（3）ミュージカル『テニスの王子様』『新テニスの王子様』公式サイトより。https://www.tennimu.com/

（4）『新テニスの王子様』公式ウェブサイト内の「Character」より。http://tenipuri.jp/character/

（5）田中ゆかり『方言萌え!? ヴァーチャル方言を読み解く』（岩波ジュニア新書、岩波書店、二〇一六）参照。

（6）第11章二二七頁参照。

（7）「ユネスコが認定した、日本における危機言語・方言の分布図」（https://www.bunka.go.jp/seisaku/kokugo_nihongo/kokugo_shisaku/kikigengo/pdf/bunpuzu.pdf）より。〈ユネスコによる危機度表示〉「【極めて深刻】アイヌ語、【重大な危険】八重山語、与那国語、【危険】八丈語、奄美語、国頭語、沖縄語、宮古語の八言語・方言」。ユネスコでは、言語と方言を区別せず、すべて言語としている。

第11章

「方言キャラ」の明日はどっちだ!?

愛南町ご当地キャラクター「なーしくん」

第1章から第10章まで、さまざまなコンテンツに登場する方言キャラを取り上げながら、その背景を読み解いてきました。

こんにちにおいてわたしたちが日々目にする方言キャラの造形はかなりの程度でパターン化されているということ。また、方言キャラと一口に言っても、そのキャラはどこの方言を、どのようにしゃべるのか。方言によってそれぞれのキャラが作品内においてどのように命名されたり、位置づけられたりするのか。そして見た目や性格等がどのように設定されるのか。

これらは、折々の日本語社会の実態と意識を映す鏡であるのと同時に、これまでの日本語社会において蓄積されてきた各種コンテンツ類の積み重ねの上にあること、繰り返し述べてきた通りです。よって、どのような方言コンテンツも方言キャラも、偶然そのように「なっている」わけでもないし、突然姿を現すわけでもないということは、徐々に理解していただけたのではないでしょうか。

最終章の本章では、どこの方言がどのようなコンテンツ類にどの程度投影されてきて、ヴァーチャル方言の「今」があるのかをたどります。

方言ニューヒロイン誕生の背景

さて、第10章で取り上げた「方言萌えマンガ」に登場する方言ヒロインは、これまで方言ヒロインの蓄積がほとんどない地域の方言が与えられている、あるいは、従来の方言ステレオタイプを踏まえつつもそこからのギャップを狙ったギャップ萌えヒロインとして造形されていることを見てきました。

『八十亀ちゃんかんさつにっき』★1の「八十亀ちゃん」は、これまでほとんど「方言ヒロイン」実績のない「名古屋弁女子」がヒロインですし、『博多弁の女の子はかわいいと思いませんか?』★2の「どん子ちゃん」や、『広島妹 おどりゃー! もみじちゃん!!』★3の「もみじちゃん」は、従来の博多弁や広島弁の、「怖い」「男らしい」という方言ステレオタイプを逆手にとって、そのギャップでもって読者を萌えさせるギャップ萌え方言女子がヒロインです。

こうした方言萌えマンガのヒロインたちは、従来の方言ヒロインの主流派の存在や、各地の方言ステレオタイプが日本語社会の中において確立・共有されているという前提があってこそ、ニュータイプヒロインとして成立するものでした。日本語社会におけるコンテクストありきの新たなコンテンツとヒロイン造形というわけです。

わたしたちが受容するコンテンツ類に、どのような方言がどのように再提示されてきたのか。その源流を探ると少なくとも江戸後期あたりまで遡ることが

★1 安藤正基、『月刊ComicREX』一迅社、二〇一六年五月より連載中。
★2 新島秋一、『チャンピオンクロス』秋田書店、二〇一六年六月より連載。二〇一八年七月より『マンガクロス』にて連載中。
★3 つくしろ夕莉『ヤングエース』KADOKAWA、二〇一八年六月〜二〇一九年一一月。

可能と想像しますが[4]、本章では、そこまではいかずともちょっと大きく構えて、明治＝近代以降の方言コンテンツ類を取り上げ、それらの地域分布がどのようになっているのかを見ていきます。

近代以降の方言文学

「方言」のカウンターは「標準語」「共通語」です。「標準語」「共通語」といった概念が共有されるようになったのは近代以降ですし、活字や音声・映像によって広く大衆が同一のコンテンツをコピー文化として共有することが可能になったのも近代以降です。

源泉を遡る旅は別の機会に譲り、現代のわたしたちの方言キャラ・方言観を形づくるものとして近代以降のコンテンツをたどっていきましょう。

まずは、近代期以降に書かれた日本文学に登場する方言文学について見ていきます。

図11-1は、磯貝英夫（一九八二）[5]で取り上げられた近代以降に発表された各地の方言文学を四七都道府県に分けてその作品数を図化したものです（井上史雄、二〇〇七）[6]。

方言文学では標準語文学の基盤方言である首都・東京が飛び抜けて多く、ついで伝統的な都である京都・大阪が多いということがわかります。北海道、広

★4　金水敏『ヴァーチャル日本語 役割語の謎』（岩波書店、二〇〇三）参照。

★5　磯貝英夫「日本近代文学と方言」（藤原与一先生古稀御健寿祝賀論集刊行委員会編『方言学論叢Ⅱ——方言研究の射程』三省堂、一九八二）

★6　井上史雄「方言の経済価値」（小林隆編『シリーズ方言学3 方言の機能』岩波書店、二〇〇七）八七頁、図3-8より。

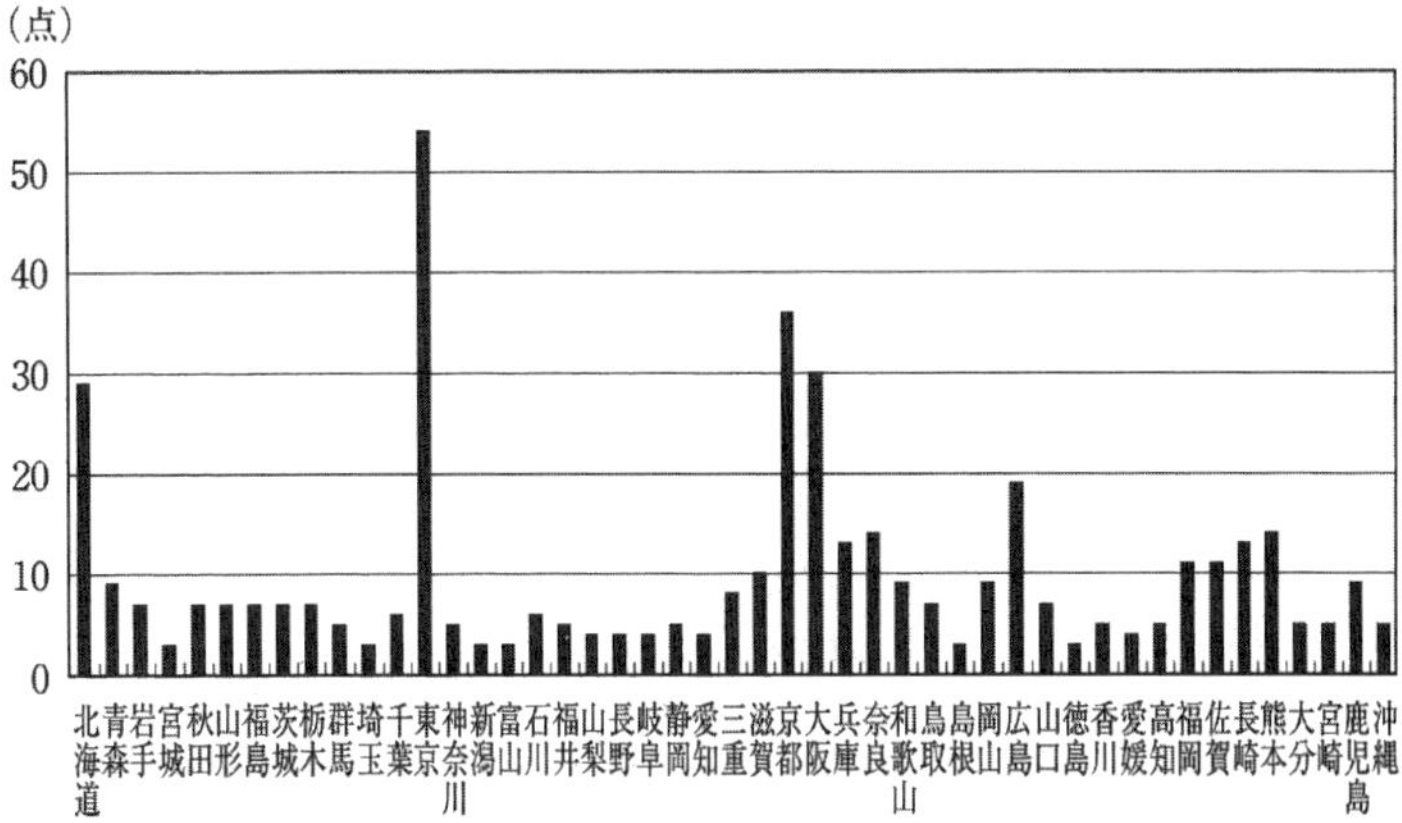

図 11-1　方言文学の地域分布（井上史雄、2007）

島が続き、九州は熊本・長崎・佐賀・福岡・鹿児島を併せると方言文学輩出の地としてかなりの勢力をもつことがわかります。一方、東北、中部、四国、広島を除く中国、沖縄、東京以外の首都圏に方言文学が少ないことも読み取れます。

ちなみに、日本文学は欧米文学などと比較すると「方言文学」は「たいへん活発」であったとの指摘があります。日本語社会では、近代文学において、すでにヴァーチャル方言が大いに用いられていたというわけです。

その理由として、磯貝英夫

（一九八一）は、以下の四点を指摘しています。

・方言自体が多様に分化していること
・近代の作家が、都鄙の別なく、全国にまたがって輩出してきていること
・自然体のリアリズムを重んずること
・漢字を活用することによって方言のわかりやすい記録が可能であること

わたしはこれに加え、近代日本社会には、欧米に比して日本語以外を第一言語とする移民が少なく、さまざまな階層差も見えにくい社会であったため、地域差によるバラエティーに目が向きやすかったということも方言文学が「たいへん活発」な背景として指摘することができるのではないか、と考えています。

飛躍する方言マンガ

方言文学を近代から高度経済成長期までを見通す日本語コンテンツの一翼とすると、文学がそれほどの力をもたなくなりつつあった高度経済成長期以降の日本語社会を映すコンテンツは何でしょう？

学生運動が盛んな頃の学生＝団塊の世代[★7]を表象する「右手にジャーナル、左手にマガジン」ということばがあります。「ジャーナル」とは朝日新聞社が刊

★7 第二次世界大戦後の第一次ベビーブーマー世代。一九四七～一九四九年生まれの世代を指す。堺屋太一の近未来小説『団塊の世代』（『月刊現代』講談社、一九七六年）に由来している。

行していた「報道・解説・評論」を三本柱としたいまはなき週刊誌『朝日ジャーナル』（一九五九〜一九九二年）、「マガジン」とは発行部数はピークアウトしつつも健在の『週刊少年マガジン』（講談社、一九五九年〜）のことです。一九六〇年代当時『週刊少年マガジン』連載中のボクシングマンガ『あしたのジョー』★8は大学生らにも大変な人気を呼んでいました。その当時の学生運動の背景となった左翼的思想の象徴が「ジャーナル」、大学と大学生の大衆化の象徴が「マガジン」、というわけです。

大衆への流布という観点から、近代文学よりもこんにち的でポピュラーなコンテンツ類である現代マンガに登場する方言キャラの分布を見たものが、図11-

★8 高森朝雄［梶原一騎］原作、ちばてつや作画、一九六七〜一九七三年。

図11-2 『朝日ジャーナル』創刊号（1959年3月15日号）朝日新聞社（表紙絵：佐藤真一）

図11-3 『週刊少年マガジン』1971年9月5日号、講談社

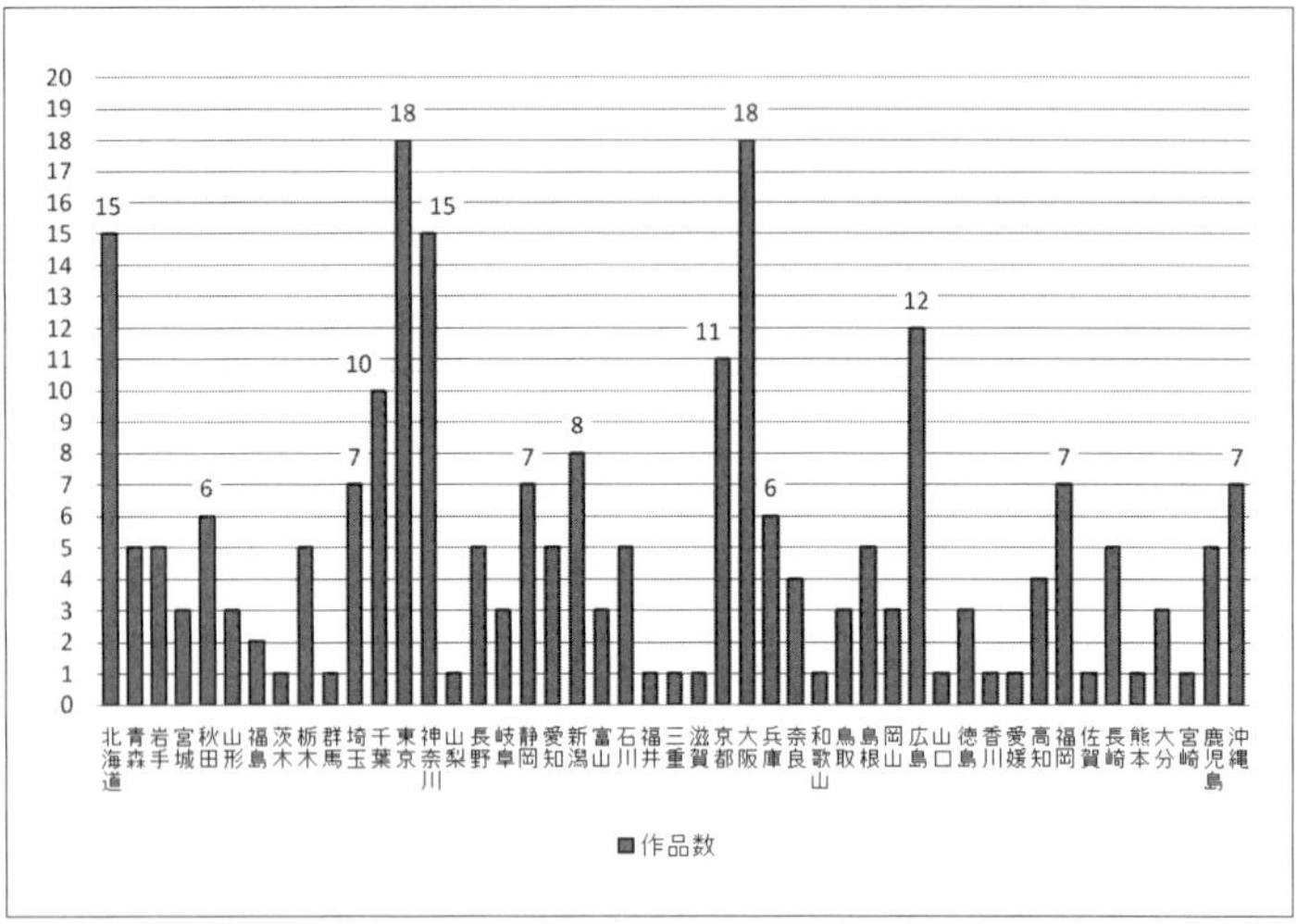

図11-4　方言マンガ都道府県別作品数（田中ゆかり、2011）

4です[★9]。

　ポスト高度経済成長期の一九七〇年代後半から一九八〇年代後半のバブル経済期とその後の失われた二〇年の中、方言に価値を見出す感覚がいよいよ本格的にせり出してきた二〇〇〇年代中頃までのコンテンツを対象としています。

　図11-4は遠目に見ると図11-1と似たような分布となっていますが、違いも認められます。

　東京と並んでトップにたつのは、大阪です。近代文学では東京が飛び抜

★9　田中ゆかり『「方言コスプレ」の時代——ニセ関西弁から龍馬語まで』（岩波書店、二〇一一）八八頁、図3-2より。

けて多く、ついで京都でした。が、現代マンガでは東京と関西圏の差がなくなったことに加え、関西圏で京阪の立場が逆転します。★10

また、近代文学では首都圏は東京一強でしたが、現代マンガでは近隣の神奈川、千葉、埼玉も目立つようになり首都圏化しています。次に多いのは北の大地・北海道、広島というあたりは変わりませんが、近代文学に比べると複数の作品をもつ地域が全体として増加しています。

近代文学では作品数が少なかった東北、中部、四国も増加していますが、現代マンガでも相対的には少ない状態にあります。現代マンガにおいて沖縄が目立って増えているのは、一九七二年の本土返還、一九九〇年代の沖縄ブームなどの影響でしょう。一方で、九州は近代文学に比べ、福岡一強化が進んでいるようにも見えます。

★10 第5章（八六頁）で触れた関西圏の「広域関西弁化」「大阪化」が進んだことによる。中井幸比古編『日本のことばシリーズ26 京都府のことば』（明治書院、一九九七）参照。

影響力大の朝ドラ

日本語社会で暮らす人々に方言ステレオタイプを打ち込む大きな影響力のある媒体はテレビ、中でも現代を舞台とする女性の一代記を主とするNHKの連続テレビドラマ小説、通称朝ドラであることは、第1章でも述べたところです。

図11-5は、一九六一年放送の第一作『娘と私』から二〇一九年度前期放送の第一〇〇作『なつぞら』までの主要舞台の地域分布を示したものです。図11-

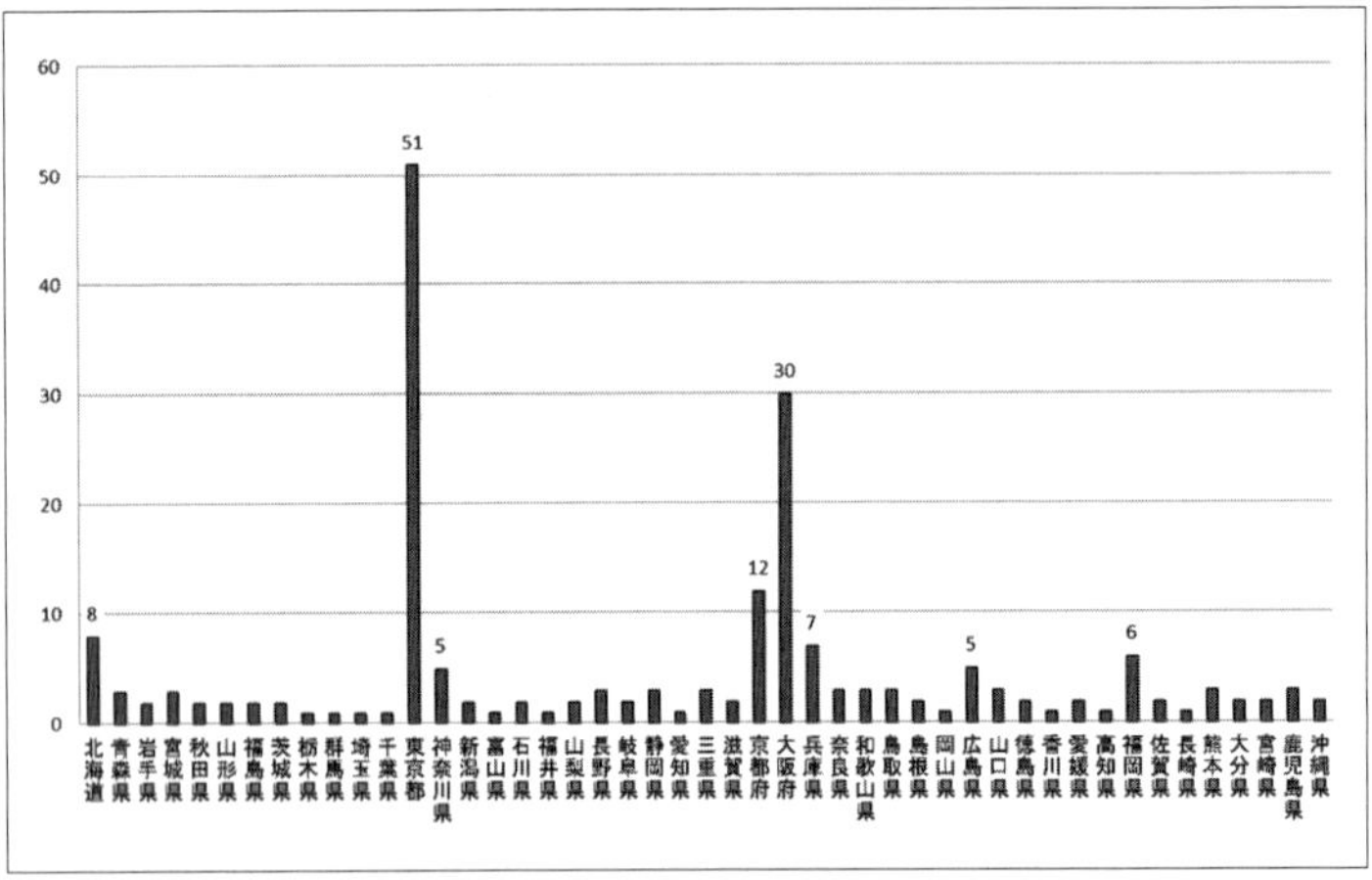

図11-5　NHK連続テレビ小説（第1作から第100作）の主要舞台

6は同じデータを地図に落としたものです。★11

　図11-5も全体としては図11-1・図11-4と似たような分布を示していますが、より極端な偏りが見て取れます。飛び抜けて東京が多く、ついで大阪、京都、北海道。そのあとに兵庫、福岡、広島と続きます。地図（図11-6）を見るとよりはっきりとその傾向が読み取れます。

　この要因ははっきりしていて、朝ドラは一九七五年前期放送の第一五作『水色の時』から放送期間が現行の半年となり、同年後期放送の第一六作『おはようさん』から前期

★11　本章で示す四枚の地図は林直樹さん（日本大学経済学部）の作図。記して感謝申し上げます。

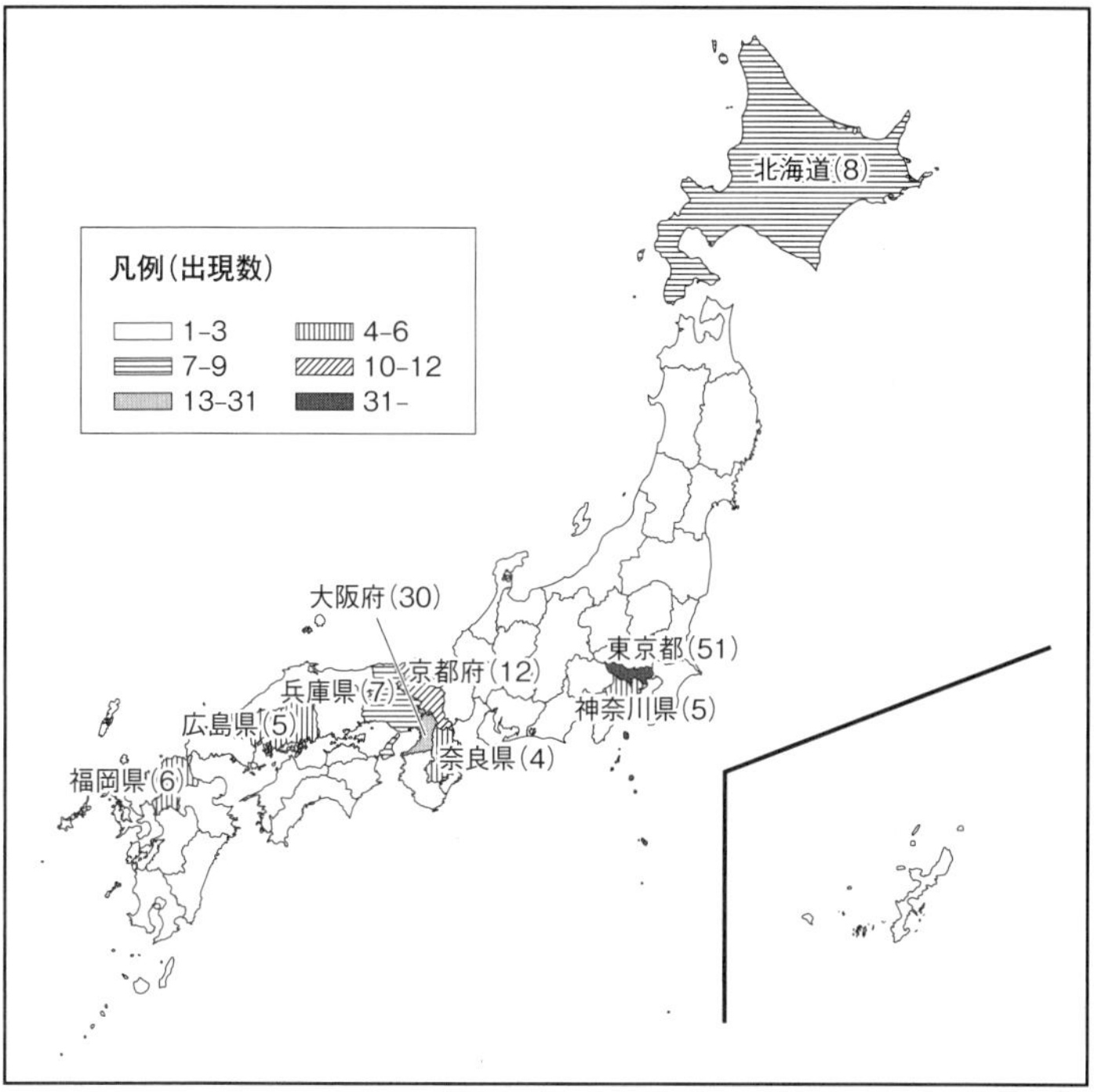

図 11-6　NHK 連続テレビ小説（第 1 作から第 100 作の主要舞台）の地域分布図

は東京局、後期は大阪局が交替に制作することになったためです。以降、多くの作品が、前期は東京局のカバーする東日本地域のどこかと首都圏（多くは東京）、後期は大阪局のカバーする西日本地域のどこかと関西圏（多くは大阪）の二都物語の構造をとるようになったためです。

技術革新と方言ドラマ

ちなみに、一九七〇年代前半から中頃は、NHKにおいて放送における方言使用のありかたについて活発な議論のなされた時期で、ドラマ方言ではその質を担保するための手法として「方言指導」の導入を基本とすることが確認されたのは、その議論を経てのことでした。

朝ドラでは、一九七六年前期放送の第一七作『雲のじゅうたん』（東京局制作）において、はじめて「方言指導」が導入されましたが、現在のようにオープニングのクレジットロールにそれが示されるようになるのは、NHKテレビ放送開始三〇周年記念として一九八三年に一年間放送された『おしん』からです。

一九七〇年代にNHKで方言ドラマのありかたが議論されたのは、「うちはこんなしゃべり方はしない」とか「どこの方言でもない」といったクレーム対策であったのですが、そもそもは地方を舞台とした番組が制作され、全国放送されるようになったがゆえのことです。[★12] しかし、地方を舞台として番組が制作

★12　田中ゆかり「メディアと方言」（『「方言コスプレ」の時代――ニセ関西弁から龍馬語まで』岩波書店、二〇一一）参照。

されるようになった背景には、言語とは別の要因――カメラの小型化という技術革新――があったということを二〇一六年放送の大河ドラマ第五五作『真田丸』の制作統括などを担当した吉川邦夫さんが、以下のように述べています。[★13]

テレビドラマが始まった最初の頃は、ほとんどロケができなかったんです。カメラが大きすぎて。東京のスタジオとか大阪のスタジオとか大きな局のスタジオを使って、放送博物館[★14]で今も見られる馬鹿でかいテレビカメラを太いケーブルでつないで、マルチカメラ収録をしていたんです。一九六〇年代から七〇年代にかけて、技術の進歩で次第に機材がコンパクトになって、中継車にビデオデッキを積んでロケ地に行き、中継車で収録ができるようになります。その頃から、各地域局を拠点としつつ、大きな局が手伝って、たとえば「銀河テレビ小説」(一九七二～八九年放送)の地域発のシリーズみたいなものが企画されるようになっていきます。そうなるとNHKは全国の都道府県に放送局がありますから、必然的にその地域の題材を使って、ドラマを作っていこうという空気が生まれます。自分たちの地域のドラマを見たい、という全国の視聴者の希望に応えるという意識もありました。

★13 田中ゆかり・金水敏・児玉竜一編『時代劇・歴史ドラマは台詞で決まる!――世界観を形づくる「ヴァーチャル時代語」』(笠間書院、二〇一八)、一一〇頁

★14 東京都港区にあるNHK放送博物館(http://www.nhk.or.jp/museum/)のこと。

この吉川さんの指摘は本当に目からうろこでした。たしかに「方言指導」が試験的に導入されたNHKのドラマ作品は「銀河テレビ小説」枠に集中しており、わたしは長らく当該シリーズが意欲的な作品を試みるチャレンジ枠だったからなのだろうか? とぼんやり捉えていたのですが、たしかにそうでもあったが、その背景に撮影の技術革新が関係していたとは、思い至りませんでした。

そもそも共通語運用能力が全国津々浦々で高まったのは、テレビの急速な普及によるものでした。そのことによって共通語が誰でも使えるフツーのことばとなり、それまではスティグマであった方言がトクベツなことばとして脚光を浴びるようになったのが一九八〇年代。

ヴァーチャル方言が、地域用法に加え方言ステレオタイプなどを用いるキャラ用法が広まっていく背景には、一九九〇年代後半以降の急速なインターネットの普及による、メイルに代表されるようなキーボードなどで入力する「打ちことば」とそれによる「打ちことばコミュニケーション」があったのでした。

そう考えると、カメラの小型化が方言ドラマ制作の気運を高めると同時に、全国の視聴者のドラマ方言に対する要求を飛躍的に高め、そのことによってヴァーチャル方言と方言ステレオタイプの最大の拡散装置であったテレビドラマの「方言」水準を変えたということは、「技術革新がわたしたちの言語生活や言語観を変えていく」の一典型でもあったというわけです。

さて、ここまで近代文学、現代マンガ、NHKの朝ドラを例に、どこの「方言」がコンテンツに登場しやすいか、ということを駆け足でたどってきました。第10章（一九七頁、表10-3）で見たように、特定のイメージ語と結びつく「方言」は、多くのコンテンツ類で再提示されてきた作品数の多い地域と関連する傾向が極めて強いということがわかります。これらが各種コンテンツ類において蓄積され拡散されてきたヴァーチャル方言と方言ステレオタイプの礎というわけです。

「今」注目の方言コンテンツ

ここからは、「今」の方言コンテンツの地域分布はどのようになっているのか、興味深い例を二つ紹介したいと思います。

一つは現代の若者の最大のコミュニケーションツールであり、「打ちことばコミュニケーション」の最新形であるLINEの方言スタンプ（林直樹、二〇一八）[★15]を、もう一つはあまたのご当地キャラのうち、方言要素を用いて命名されたキャラとTwitterで「方言おしゃべり」をする「ご当地キャラ」の地域分布を見ていきます（村上裕美、二〇一九）[★16]。

★15 林直樹「方言スタンプからみる方言コンテンツの全国分布」（『語文』一六〇、日本大学国文学会、二〇一八）
★16 村上裕美『ゆるキャラのネーミングとTwitter分析』（日本大学文理学部国文学科、平成三〇年度卒業論文、二〇一九）

図11-7　方言スタンプ（「ミッチーチェン＆MC GATAの山形弁！」より）

LINEの方言スタンプ

まずは、二〇一〇年代を代表する「打ちことばコミュニケーション」ツールであるＬＩＮＥスタンプの地域分布から見ていきます。

都道府県に地域ブロック（図中の［B］）を加え、出現点数を示したものが図11-8、それを地域ブロック単位で地図に落としたものが図11-9です。

図11-8は、近代文学（図11-1）、現代マンガ（図11-4）、ＮＨＫ朝ドラ（図11-5）とは、劇的に異なる分布となっています。まず都道府県レベルで見ていくと、もっとも多いのは沖縄、ついで福岡となっています。大阪はそこそこの数があることがわかりますが、東京はわずかです。

図11-9（二二八頁）のブロック単位での地域分布からも、首都圏・北関東が少なく、現代の都から地理的距離と共通語からの言語的距離の遠い「方言」を用いたＬＩＮＥスタンプが多く制作されていることがわかります。ただし、近畿ブロック＝関西弁地域は、「共通語からの言語的距離の遠い方言に多い」とは別の原理が働いていることがわかります。ヴァーチャル関西弁はここでも

ちょっとした特権的地位にあることを示しています。

　スタンプ以前の「打ちことばコミュニケーション」で、何らかの演出効果や新味を狙ってヨソの方言を用いる場合は、極めて定型化した表現を選択するか、少し手の込んだことをしたければ共通語から方言にことばを変換する変換サイト[★17]などを用いるかしかなかったわけです。しかし、方言スタンプは「すでにあ

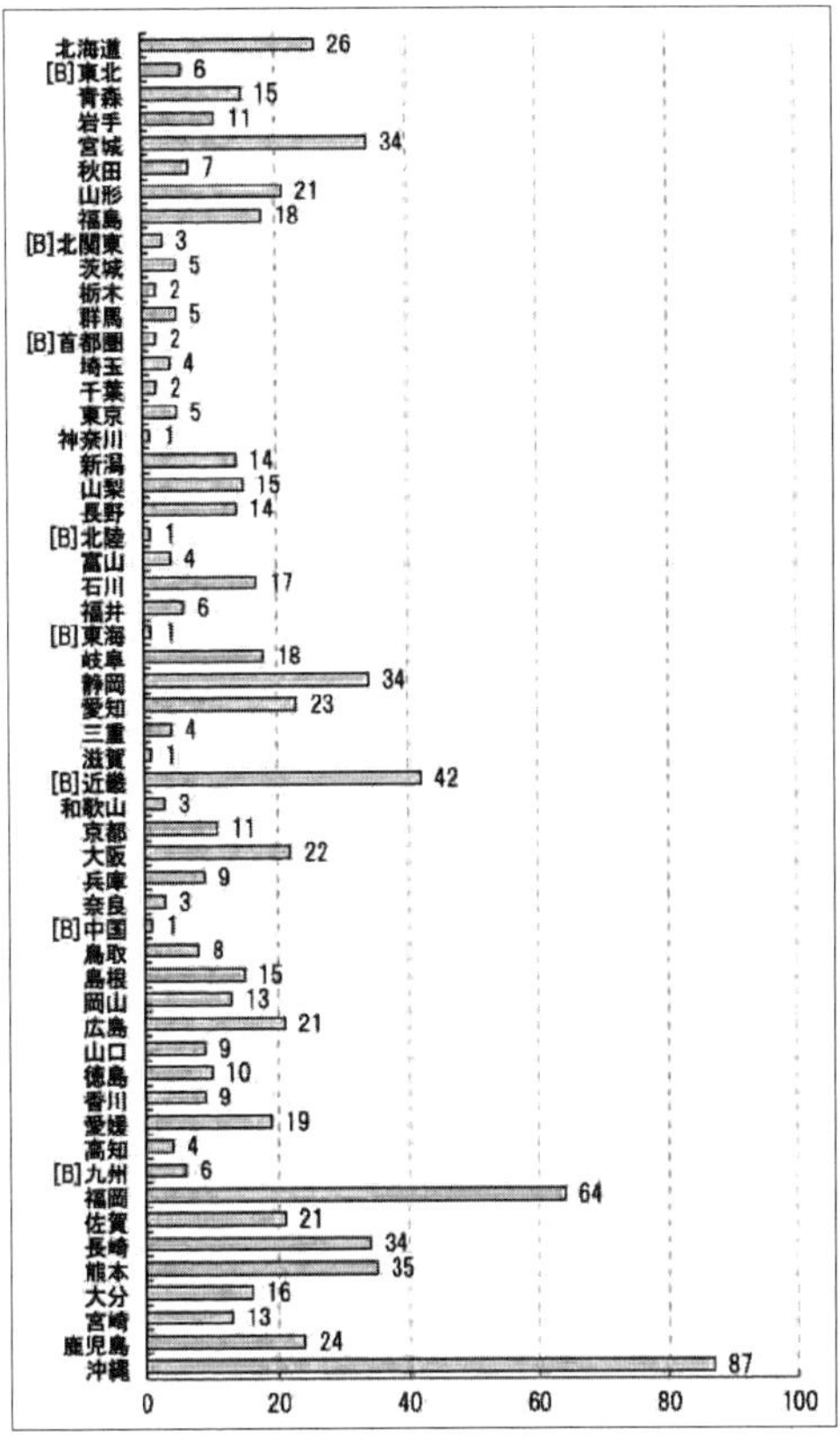

図 11-8　LINE 方言スタンプの地域分布（林直樹、2018）

★17 「ことば変換『もんじろう』」(http://monjiro.net/) など。

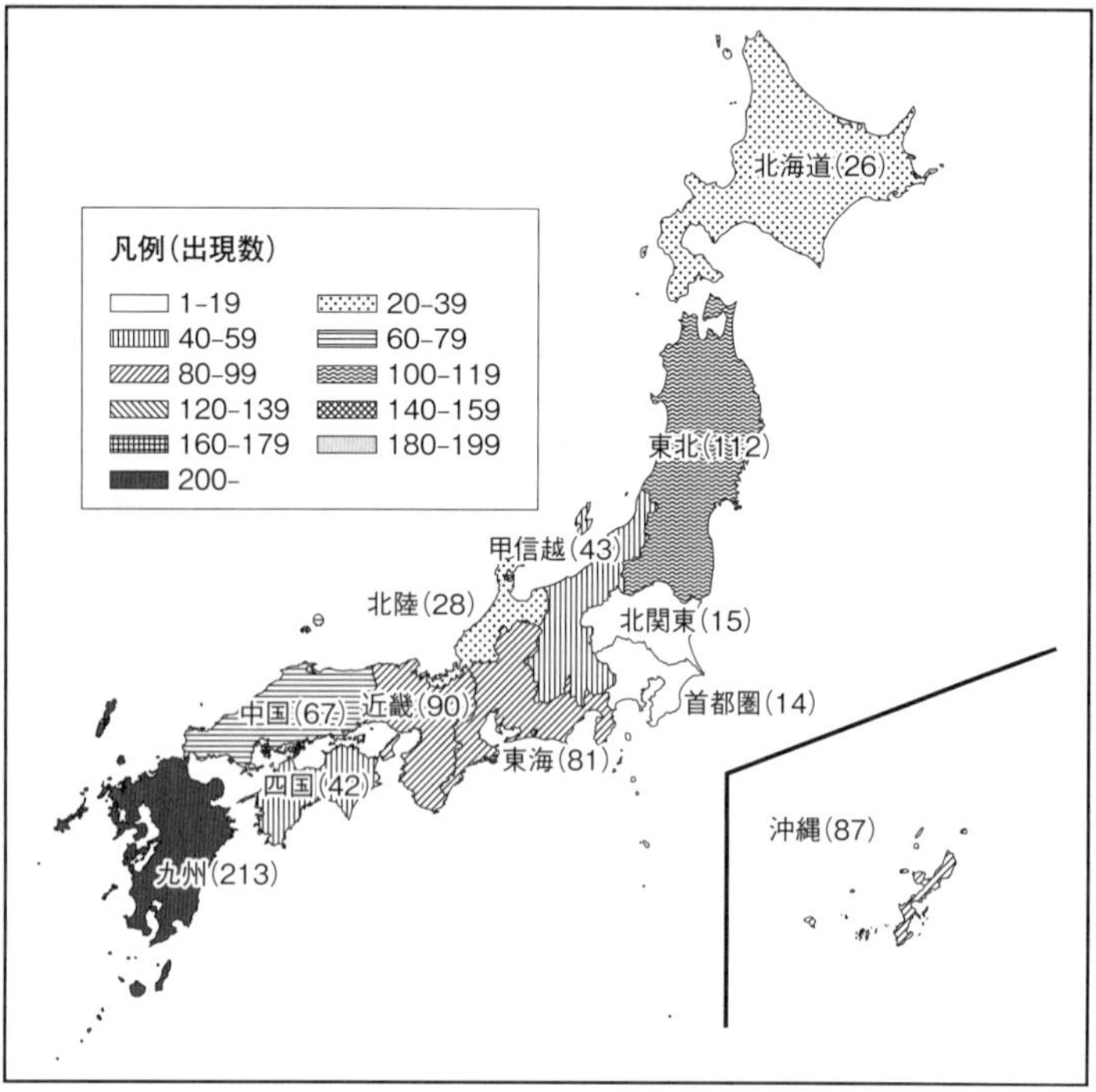

図 11-9　LINE 方言スタンプの地域分布地図（林直樹、2018 による）

るもの」として使えるという点において、共通語からの言語的距離の遠いものでも手持ちのカードとして所有さえしていれば、いつでも自身のコミュニケーションに投入可能となります。それゆえに、フッーのことばと化した共通語から言語的距離の遠い地域のスタンプの需要が高いのかもしれません。その結果、図11-8・図11-9は先の図11-1、図11-4、図11-5の分布とは大きく異なる傾向を示したと考えられます。もちろん、沖縄が多いのは現代マンガの項で触れたように一九九〇年代の沖縄ブーム後であることと関連するでしょう。

ただし、図11-8・図11-9として集計されたスタンプは、有料か無料か、営利寄りか地域おこし寄りかなど制作の背景が異なるものが混在しているため、これらを腑分けしていくともう少し違う傾向が読み取れるかもしれませんが、これは今後の課題としたいと思います。

「ゆるキャラ」「ご当地キャラ」

最後に「ゆるキャラ」と「ご当地キャラ」を見ていきましょう。

ゆるキャラは、漫画家・エッセイストのみうらじゅんの考案・命名で、二〇〇八年の「ユーキャン 新語・流行語大賞」にノミネートされ、二〇一〇年には「ゆるキャラ®グランプリ」（ゆるキャラ®グランプリ実行委員会）★18がスタートします。類似概念を表すある地域を拠点に活動し、地域のＰＲを目的とする「ご

★18 ゆるキャラグランプリ公式サイト http://www.yurugp.jp/

当地キャラ」は二〇一三年の「ユーキャン 新語・流行語大賞」のトップテン入りをしています。

二〇二〇年でファイナルを迎えたゆるキャラ®グランプリ・ランキングの歴代第一位は、「ひこにゃん」(第一回記名投票、滋賀県彦根市)、「くまモン」(第二回、熊本県)、「バリィさん」(第三回、愛媛県今治市)などなど、多くの人が知るキャラクターで占められており、巷への波及効果の高さがうかがえます。併せて、当該自治体の強制的な投票行動など「場外」の話題がにぎやかなのも、その人気の高さのB面(古い!)と言えるでしょう。

さて、二〇一一年にくまモンのグランプリ受賞によって一躍その名を馳せたゆるキャラ®グランプリは、次の三つのテーマを掲げ活動をしてきたそうです。★19

①「ゆるキャラで地域を元気に!」
②「ゆるキャラで会社を元気に!」
③「ゆるキャラで日本を元気に!」

このテーマからも明らかなように、「ゆるキャラ」「ご当地キャラ」は、ヴァーチャル方言との相性はよさそうです。むしろ活用しないのはもったいないとさえ言えるでしょう。一方で、「ゆるキャラ」「ご当地キャラ」と「方言」との結

★19 ゆるキャラグランプリ公式サイト内の「ゆるキャラ®グランプリとは?」より。

びつきについては、ヨソの方言を使ってみたいユーザー目線であるＬＩＮＥスタンプとは別の、すなわち地元発信側からの視点で選択されるヴァーチャル方言ランキングと読み替えることもできそうです。

名前に方言要素のあるご当地キャラ

村上裕美（二〇一九）は、さまざまな手を尽くして収集した一八六五体の「ゆるキャラ」を「ご当地キャラ」「準ご当地キャラ」[★20]「企業キャラ」に分類しています。

ここでは、「ゆるキャラ」と地域の結びつきについて考えたいので地域との結びつきが明確な「ご当地キャラ」九五六体と「準ご当地キャラ」五八四体、合計一五四〇体を対象とした分析を紹介します。

一五四〇体のうち、「方言」を「名前」の構成要素にもつキャラクターの内訳は表11-1・表11-2（二三五頁）の通りです。なんと、驚くべきことに、たった三〇体しか「方言」を用いていません。[★21]その三〇体の地域分布をブロックごとに地図として示したものが図11-12（二三六頁）です。

図11-12を見ると、中国・九州・東北に方言要素を名前に含む「ゆるキャラ」が多く、近畿・沖縄・関東・北海道に少ないということがわかります。現代の共通語基盤方言である首都圏を含む関東に方言要素を取れ入れた「ゆるキャラ」

★20 「ご当地キャラ」は都道府県・市区町村全体、商店街・商工会をＰＲするキャラクター、「準ご当地キャラ」は特定地域に所属する施設や特産品・イベントをＰＲするキャラクター。いずれも村上裕美（二〇一九）による定義。

★21 村上裕美（二〇一九）の結果に従っている。「方言要素」の有無については、それぞれのキャラの公式サイト等による解説などにより、村上自身が判定した。ただし、村上裕美（二〇一九）は、筆者のゼミに所属する学生の卒業論文であるため、ご本人のご好意によって原データの提供を受けた（表化、地図化もそのデータに基づく）。原データを見るともう少し方言要素をもつキャラ数は増えそうだが、これはまた別機会があれば精査したい。

図 11-10　福島県南会津町の観光大使・食いしん坊の妖精んだべぇ

図 11-11　秋田県仙北市のご当地キャラクター「オモテナシ3兄弟」の末っ子、温泉の妖精ヌクインダー

が少ないことは予想される結果ですが、従来近畿は井上史雄（二〇〇七）[22]などをはじめ、方言コンテンツ・グッズなどがもともと多いことが確認されてきた地域にもかかわらず、方言要素を含むゆるキャラが「ない」という結果は少々衝撃的ではないでしょうか。[23]

北海道に方言命名キャラが少ないのは、北海道は他地域からの移住者のことばが接触・融合し、早くに「北海道共通語」が成立した地域であるということ、そのことによって第1章・第10章で見たようにアクセント・イントネーションの違いという、「気づきにくい方言」が多いということも関係していると想像されます。独特でいかにもそれ「らしい」方言がなかなか見つからないという点において、やはり方言命名キャラ数の少ない関東との共通点が見出せます。

九州・東北の多さは共通語からの言語的距離の遠さということが理由として考えられます。その一方で沖縄には方言命名キャラがいないのは不思議ですが、

★22　井上史雄「方言の経済価値」（小林隆編『シリーズ方言学3　方言の機能』岩波書店、二〇〇七）

★23　『日本全国ご当地キャラクター図鑑』（二〇〇九）所収の七九〇体のキャラクターを都道府県別に集計した研究では、大阪府五体、兵庫県三体、岩手県・山口県・長崎県・沖縄県各二体、宮城県・山形県・富山県・愛知県・香川県・高知県・佐賀県・大分県各一体という結果が示されている（日高水穂「キャラデザインにおける方言活用」半沢康・新井小枝子編『実践方言学講座1　社会の活性化と方言』くろしお出版、二〇二〇）。

表 11-1　方言命名ご当地キャラ（村上裕美、2019 データによる）

No	キャラクター名	ブロック	都道府県
59	いくべぇ	東北	青森県
124	きてけろくん		山形県
141	んだべぇ		福島県
316	オッサくん	関東	千葉県
400	ゆとっと	中部	新潟県
762	くらすけくん	中国	鳥取県
779	おんすう　ふらたろう		島根県
800	なんしょん？ くん		岡山県
820	ちょるる		山口県
824	ぶちまろ		山口県
857	なーしくん	四国	愛媛県
889	こっぽりー	九州	福岡県
924	くまモン		熊本県
933	ぼんちくん		宮崎県

表 11-2　方言命名準ご当地キャラ（村上裕美、2019 データによる）

No	キャラクター名	ブロック	都道府県
5	チロべし	北海道	北海道
26	ヌクインダー	東北	秋田県
45	べこタン		宮城県
54	きぼっこちゃん		福島県
201	ナシテ君	中部	新潟県
244	もったけ姫		長野県
291	こりん		愛知県
424	ゴズラくん	中国	鳥取県
428	まめなくん		島根県
429	ハンザケ		島根県
499	えやろ	四国	愛媛県
529	ゆっつらくん	九州	佐賀県
541	ばっぺん		長崎県
543	がんばくん		長崎県
544	らんばちゃん		長崎県
577	わっぜかくん		鹿児島県

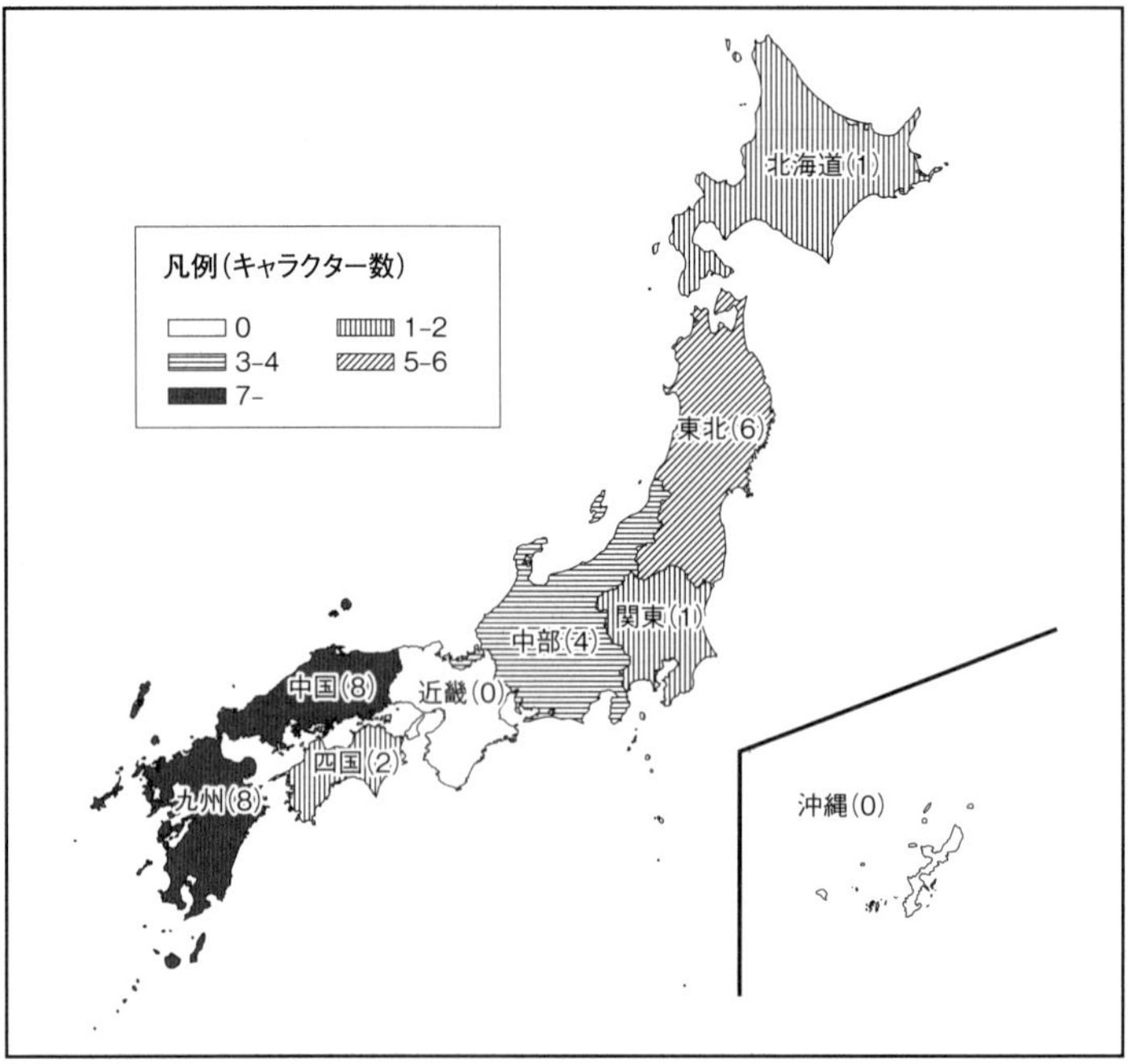

図 11-12　方言命名ご当地＆準ご当地キャラの地域分布地図（村上裕美、2019 データによる）

これは沖縄には「ゆるキャラ」そのものが少ないことに起因しているのかもしれません。中国の方言命名キャラの多さも、共通語との言語的距離からは説明できないところで、これらは要検討案件です。

Twitter上の方言発信キャラ

村上裕美（二〇一九）では、これらのキャラが公式Twitterで発信する文末表現に注目し、方言発信キャラがどの地域にどの程度いるのか、ということも調べています。なぜ文末表現に注目したのかといえば、「打ちことば」において方言コスプレをする「場所」は文末表現や人称詞、定型化したあいさつ表現などに多いことがわかっているからです。[★24] これは言語形式と人物像が結びつく言語ステレオタイプとしての役割語形式が出現しやすい箇所とも重なります。[★25]

村上裕美（二〇一九）のデータを基に筆者が集計・整理しなおした結果が表11-3（二三六頁）、地図上にその地域ブロックごとの分布を示したものが図11-13（二三六頁）です。

公式Twitterで方言文末を用いた発信をしている方言キャラは一三体、とこれもゆるキャラ総数から見るとけっこうなレア物件であることがわかります。同時に、方言命名キャラと重複するキャラもいますが、方言命名キャラでもSNS発信には方言文末を使わないキャラや、逆に方言命名されていなくても

★24 田中ゆかり「ケータイ・メイルの「おてまみ」性」（『國文學 解釈と教材の研究』46(12)、學燈社、二〇〇一）。
★25 金水敏「役割語の定義と指標」（『ヴァーチャル日本語 役割語の謎』岩波書店、二〇〇三）参照。

表 11-3　Twitter 方言文末発信キャラ（村上裕美、2019 データによる）

No	キャラクター	方言命名	ブロック	都道府県	方言文末表現			
9	きてけろくん	○	東北	山形県	っけ	んだず		
10	んだべぇ	○		福島県	なぁ	がぁ	だぁ	
36	メルギューくん	×	中部	富山県	まっとっちゃ〜			
45	ひやわん	×	近畿	三重県	やで			
54	トライくん	×		大阪府	やで			
55	ちっちゃいおっさん	×		兵庫県	やわ	でっせ	へんか	で〜
60	ちょるる	○	中国	山口県	ちょる			
64	バリィさん	×	四国	愛媛県	けん	ーね		
65	みきゃん	×		愛媛県	やけん	けん		
67	新居浜まちゅり	×		愛媛県	んよ	しよるね	やね	
69	カツオにゃんこ	×		高知県	なんやっけ			
71	くるっぱ	×	九州	福岡県	ばい	かねー		
73	くまモン	○		熊本県	はいよ〜			

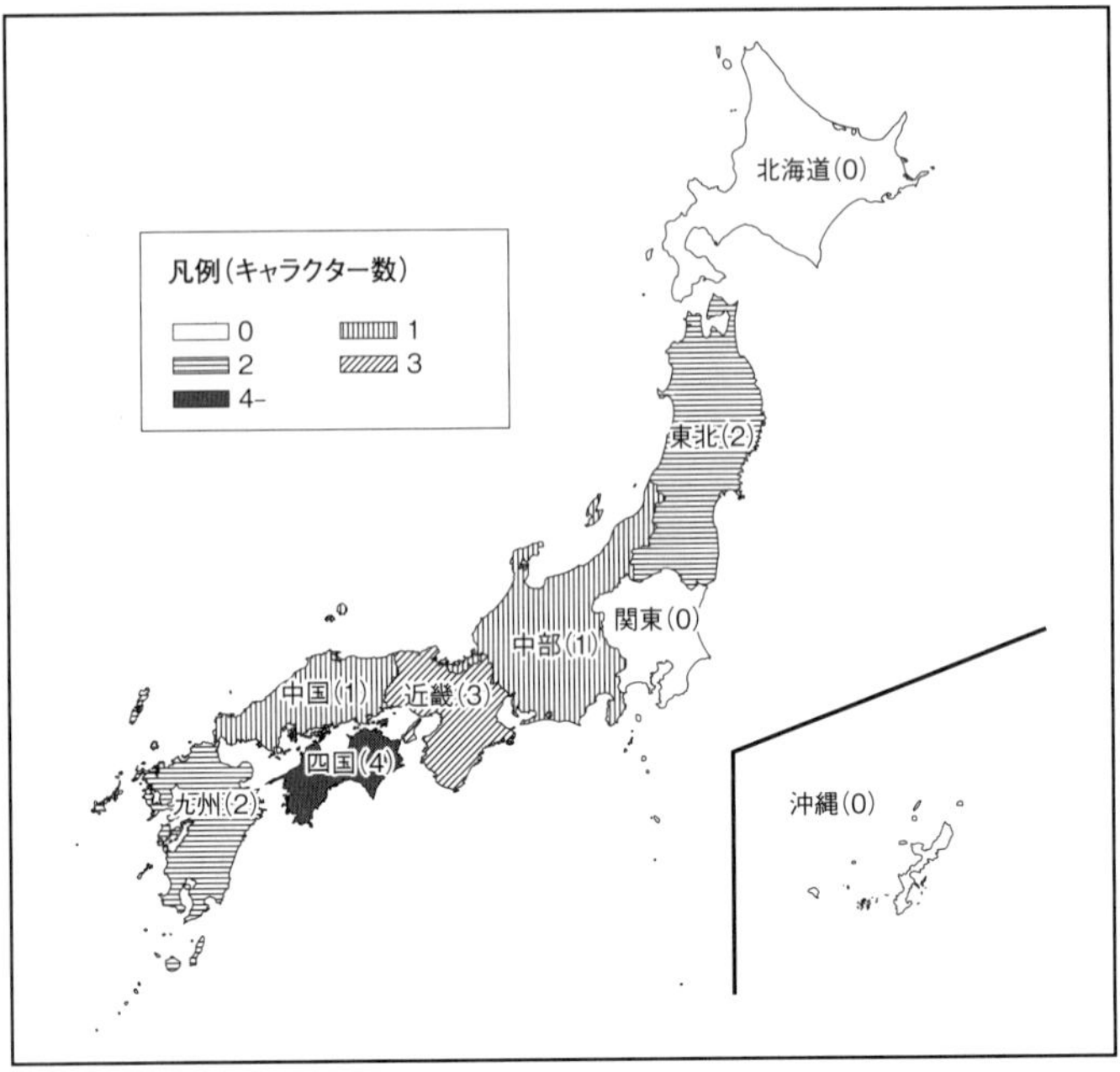

図 11-13　Twitter 方言文末発信キャラの地域分布地図（村上裕美、2019 データによる）

方言文末を用いた発信をするキャラもいることがわかります。

　方言文末発信キャラが、北海道・関東にいないのは方言命名キャラの少なさと同じ理由が推測されます。方言命名キャラは少ないのに、ＳＮＳ方言文末発信キャラは近畿に三体もいるところは、興味深い結果と言えるでしょう。

　ご当地キャラの命名とＳＮＳ発信における方言活用から見えてくるのは、以下のようなことでしょうか。

（1）ご当地キャラ界ではまだまだ方言活用に開拓の余地がある。
（2）九州勢は他のコンテンツだけでなくここでも方言活用が目立つが、その他の地域は他のコンテンツにおいて使われるレベルの齟齬が目立つ。
（3）（2）のうち、共通語との言語的距離の遠さやご当地キャラ数という観点から説明がつかないのは、中国における方言命名キャラの多さと四国におけるＳＮＳ方言文末発信キャラの多さである。

　この背景には、方言と地域の結びつき、方言と地元意識の結びつき、当該地における名所旧跡・名産・名物といった観光資源の多さ少なさ、地元における方言意識の変化などなどが考えられます。が、これらもまた今後の課題として、経過観察を続けたいと思います。

身近にもあるヴァーチャル方言活用

本書を通じ、ついつい見逃しがちだけれども、じつはわたしたちの身の回りにはヴァーチャル方言を用いたコンテンツがあふれていること、そしてそれがそこにそのように使われているのは、ある種の必然でもあることを読み解いてきました。

ヴァーチャル方言のありようの変化には、技術・媒体・手段の改新が密接に関わってきたこともある程度はご理解いただけたのではないでしょうか。

日本語社会におけるヴァーチャル方言の蓄積・拡散源にもさまざまなものがあることは見てきた通りですが、その中においても大変に大きな力をもつNHKの朝ドラは二〇一九年前期に一〇〇作を超えました。これからどのような新しい方言ヒロインを朝ドラは見せてくれるのでしょうか。

二〇一九年の大河ドラマ『いだてん』は、その革新的なドラマ構成などによって視聴率では苦戦したようですが、そのオープニングクレジットロールには「明治ことば指導」なる、初のヴァーチャル時代語指導が取り入れられるなど、「ことば指導」のありかたにも新しい風を吹き込みました。

本書の締めくくりとして小説、マンガ、朝ドラ、「打ちことば」ツールのLINE、ご当地キャラを取り上げ、それらに採用され、わたしたちに再提示されるヴァーチャル方言の地域分布には共通点とそれぞれの特性に基づく差異が観察されることを見てきました。

ヴァーチャル方言を用いたコンテンツやコミュニケーションは、大変身近なところに存在しています。ぜひ、みなさんも日々の生活の中から、方言キャラやヴァーチャル方言活用事例を見つけ出し、その意味を考えてみてください。

「方言キャラ」の明日はどっちだ⁉

あとがき

二〇二〇年四月に最初の緊急事態宣言が発出されて、一年半以上が経過していますが、この「あとがき」を書いている二〇二一年八月時点においては、いまだ油断ならない状況が続いています。

さまざまな国や地域の人々が、その境界を越え、しかも同時に、オンライン・コミュニケーションを主とする生活に強制的に投入されるという、大きな変革期《グレート・リセット》を生きることになりました。慣れない電子機器や、はじめて触れるアプリケーションを通じた情報と感情のやりとりからは、革新が生み出される一方、想像を超えて増大した感情やデマなどによる混乱をも招いています。

そのような中、日本国内では、最初の緊急事態宣言下の二〇二〇年五月の大型連休における都道府県境をまたぐ移動制限を地元の「方言」で訴えかけた島根県の試み――「早く会いたいけん、今は帰らんでいいけんね。」(出雲版)、「早く会いたいけぇ、今は帰らんでいいけぇね。」(石見版)――は、広く好意的に受け止められ、自治体広報の成功例として同年の新聞広告賞(日本新聞協会広告委員会)を受けたことは、記憶に新しいところです。

地元の「方言」で気持ちをプラスすることによって、受け手に一層「響く」のは、現代の日本語社会が「方言」に共通語にはない価値と意義を見出している時代だからです。

本書は、日本語社会における「方言」のありかたとその価値や意義について、実際にどのような媒体やコンテンツにおいて、どのような「方言」がどのように用いられているのか、また、そのことを日本語社会の構成員はどのように受け止めているのか、そして、それはなぜなのか、について読み解くことを目的としました。

読み解きの方法には、いろいろありますが、本書は「方言」を与えられたキャラクターである「方言キャラ」の読み解きに焦点を絞りました。その理由は、「方言キャラ」は「物語」を背負うものであり、多くの場合ビジュアルイメージを伴うものであるため、日本語社会を構成する人々の記憶や感覚に強く訴える力をもつと考えたからです。創作物に登場する「方言キャラ」を主に取り上げましたが、特定の文脈において「方言キャラ」を身にまとうリアルな人物もその対象としました。

二〇〇〇年代に入って以来、キャラ／キャラクター論が活発化しています。言語研究においても、その定義や取り扱いなどについては多様な議論のあるところです。本書ではその議論には踏み込まず、「キャラ」はフィクションの登場人物やフィクションに寄せたリアルな人物が身にまとう人物造形を、「キャラ」と位置づけます。そういう意味において本書は、日本語社会に登場するヴァーチャル方言によって意図的・意識的に造形されたキャラを「方言キャラ」と捉えた上で、その背景を読み解こうと試みたものです。

本書の多くは、本書の編集を手掛けてくださった髙橋麻古さんのお声掛けにより、研究社WEBマガジン『Lingua（リンガ）』に連載した全一二回の「Ｗｅｂ版！　読み解き方言キャラ」（二〇一八年四月〜二〇一九年三月）に基づきます。

連載は、日本語社会における「方言」について考えた『「方言コスプレ」の時代――ニセ関西弁から龍馬語まで』（岩波書店、二〇一二）、『方言萌え⁉ ヴァーチャル方言を読み解く』（岩波ジュニア新書、岩波書店、二〇一六）や、共同研究の成果として刊行した『ドラマと方言の新しい関係――『カーネーション』から『八重の桜』、そして『あまちゃん』へ』（金水敏・田中ゆかり・岡室美奈子編著、笠間書院、二〇一四）、『時代劇・歴史ドラマは台詞で決まる！――世界観を形づくる「ヴァーチャル時代語」』（田中ゆかり・金水敏・児玉竜一編著、笠間書院、二〇一八）などで得た「宿題」の解決・発展篇を心がけ、執筆を進めたつもりです。既刊の内容と重なるところがありますが、それらは宿題・発展篇の「前提」として必要であった、という判断です。各章の初出に相当するものについては、本文または本文注として記しました。「コラム」は、各章をつなぐ「話題」として設けたものです。付録の年表は、本書に登場する「方言キャラ」がどのような時代に現れたのかを示すものとして用意しました。本文注は引用・参照文献情報も含む脚注としました。参考文献リストは巻末にも設けましたが、いったりきたりせずに読み進められるように、脚注としても記した次第です。

今回も、コンテンツ調査や、研究イベントなどに際しては、多くの方々のお力添えを賜りました。招待講演や連続講義、共同研究などを通じたご批正や、ご教示・ご示唆も頂戴しました。本務校である日本大学文理学部や非常勤先での授業、ゲスト講師などにお招きいただいた際の討議などからも多くのヒントを得ました。関係のみなさま方すべてに改めてお礼申し上げます。本書執筆に深く結び付くものについては、各章本文・本文注などに謝意を示しました。

「Web版！ 読み解き方言キャラ」連載終了後の二〇一九年秋から春にかけて、本書の形式に書き改めました。カリフォルニア大学ロスアンゼルス校（UCLA）アジア言語文化学部の客員教授に招待されていた時期に重なるため、ウエストウッドのアパートとUCLAのキャンパスが主な執筆の場となりました。キャンパス構内では、どこでもネット接続が可能で、学内のデータベースなどにもストレスなく接続できたため、トートバックにパソコンとデュアル認証用のスマホとその日に使う資料をつっこんで、屋外で作業をし、必要ならば図書館へ、お昼になったら学食へ、疲れたら学内の植物園でリスと亀を眺めながら、「方言キャラ」について考える大変ぜいたくな日々でした。

二〇二〇年三月には、スポンサーの同学部教授のマイケル・エメリック氏とともに企画した国際シンポジウム“Kyarachters: On the Other Side of Narrative”（キャラクターズ：物語の向こう側）を開催し、「方言キャラ」についての発題をもってUCLA滞在のしめくくりとする予定でしたが、日本より一足先にロスアンゼルスは、新型コロナウイルス感染症抑制のためにロックダウンとなり、延期となりました。なお、同シンポジウムは、参加者が対面にて交流を深めることも目的とするため、二〇二一年五月にUCLAで開催を予定しています。

UCLA滞在時には、マイケル・エメリック氏をはじめアジア言語文化学部教授陣のセイジ・リピット氏、トークィル・ダシー氏、嶋崎聡子氏、山崎順子氏には、研究・生活面において、たいへんお世話になりました。山崎氏の日本の時代劇をテーマとする学部講義科目においては、ヴァーチャル時代語と時代劇に登場する「方言キャラ」について講義をする機会も設けていただきました。受講者がみな日本語を学んでいるわけではないのに、日本の映像作品、しかも時代劇に関心のある学部生があんなにたくさんいて、ヴァーチャル時代語や「方言キャラ」にも興味津々な様子に感銘を受けました。うまく答えられなかった質問は、またの機会とさせてください。また、同学部教授・岩崎勝一氏には、同大の日本語科目を担当する先生方との研究会や交流の場などにもお招きいただきました。同学部の図書館や事務室のみなさま方にも、改めてお礼申し上げます。

帰国後、東京も緊急事態宣言を受けて、さまざまな制約に縛られる日々となりました。本書の原稿はUCLAであらかた書き終え、今一度資料類の点検を……というところまで到達していましたが、移動制限等により、なかなか難しかったこと。加えて、取り扱うトピックがうつろう「今ここ」であることから、時間が経過する分だけ更新したいことが積み重なったことなどにより、この「あとがき」を書くまでに少し時間がかかってしまいました。

しかしながら、担当の髙橋麻古さんのお導きで、ようやくここに至りました。豊富な図版や付録の年表が掲載されているのも、図版等の掲載を許可してくださった側のご配慮はもちろんですが、髙橋さんのお力によるところです。また、事実の確認等に際しては、西岡亜希子さんに助けていただきました。もちろん、本書中の誤りなどはすべて筆者に帰するところです。それから、本文の理解を助けるための素敵なイラストは森田伸さんが、楽しい仕掛けのポップな装丁は金子泰明さんが、担当してくださいました。ありがとうございます。まいどのことながら家庭内編集会議に参加してくれた家族にも感謝します。もちろん、本書を手に取り、ここまで読んでくださったみなさま方、読者に届くまでにご尽力くださったすべての方にも深くお礼申し上げます。

本書は、「方言キャラ」に焦点を絞り、その読み解きを試みましたが、まだまだ「宿題」はたくさんあること、理解しています。と、いうよりもひとつ解決したと思ったら、それはただの「通過点」だった、という感覚に近いかも知れません。そのようなわけで、このテーマに踏み込んだ当初の予想よりも、はるかに長い時間をかけた取り組みになっていますが、日本語社会と「方言」にまつわるテーマには継続的に取り組むつもりです。新たな解決篇・発展篇をお示しする別の機会があれば……と思っています。

なお、本書は、科学研究費基盤研究（C）（課題番号15K02577）、同（課題番号18K00623）の研究課題の一環として執筆されたものです。

田中ゆかり

二〇二一年八月

参考文献リスト（配列は編著者の五十音順。同一著者のものは刊行年順）

有元光彦編（二〇一七）『日本のことばシリーズ35　山口県のことば』明治書院
磯貝英夫（一九八一）「日本近代文学と方言」藤原与一先生古稀御健寿祝賀論集刊行委員会編『方言学論叢Ⅱ――方言研究の射程』三省堂
井上史雄（一九九六）「方言ラップにみる歌謡社会言語学」『日本語学』15（6）、明治書院
井上史雄（二〇〇七）「方言の経済価値」小林隆編『シリーズ方言学3　方言の機能』岩波書店
植田紳爾語り手、川崎賢子聞き手（二〇一四）『宝塚百年を越えて　植田紳爾に聞く』国書刊行会
埋忠美沙（二〇二〇）「歌舞伎の西郷隆盛」『歌舞伎　研究と批評』六四、歌舞伎学会
NHK-FM「今日は一日“RAP”三昧」制作班編（二〇一八）『ライムスター宇多丸の「ラップ史」入門』NHK出版
遠藤仁編（一九九七）『日本のことばシリーズ6　山形県のことば』明治書院
おーちようこ（二〇一七）『2・5次元舞台へようこそ――ミュージカル『テニスの王子様』から『刀剣乱舞』へ』星海社新書、星海社
大和田俊之・磯部涼・吉田雅史（二〇一七）『ラップは何を映しているのか――「日本語ラップ」から「トランプ後の世界」まで』毎日新聞出版
岡島昭浩（二〇一九）「西郷隆盛はどのように語らせられてきたか」『語文』一一三、大阪大学国語国文学会
尾崎秀樹（一九六五）「解説」子母澤寛『勝海舟　第六巻　明治新政』新潮社
亀井孝・河野六郎・千野栄一編著（一九九六）『言語学大辞典6　術語編』三省堂
木下順二（一九八二）『日本語の世界12　戯曲の日本語』中央公論社
金水敏（二〇〇三）『ヴァーチャル日本語　役割語の謎』岩波書店

金水敏編（二〇一四）『〈役割語〉小辞典』研究社
金水敏編（二〇一八・二〇一九・二〇二〇・二〇二一）『村上春樹翻訳調査プロジェクト報告書(1)〜(4)』大阪大学大学院文学研究科
金水敏・田中ゆかり・岡室美奈子編著（二〇一四）『ドラマと方言の新しい関係――『カーネーション』から『八重の桜』、そして『あまちゃん』へ』笠間書院
シェイ・セラーノ／小林雅明訳（二〇一七）『ラップ・イヤー・ブック』DU BOOKS
篠崎晃一（一九九六）「歌謡曲と方言」『日本語学』15（6）、明治書院
陣内正敬編（一九九七）『日本のことばシリーズ40　福岡県のことば』明治書院
陣内正敬・友定賢治編（二〇〇五）『関西方言の広がりとコミュニケーションの行方』和泉書院
田中ゆかり（二〇〇一）「ケータイ・メイルの「おてまみ」性」『國文學　解釈と教材の研究』46（12）、學燈社
田中ゆかり（二〇一一）『「方言コスプレ」の時代――ニセ関西弁から龍馬語まで』岩波書店
田中ゆかり（二〇一五）「宝塚歌劇『外伝ベルサイユのばら―アンドレ編―』に現れるヴァーチャル方言」『語文』一五三、日本大学国文学会
田中ゆかり（二〇一六）『方言萌え!?　ヴァーチャル方言を読み解く』岩波ジュニア新書、岩波書店
田中ゆかり（二〇一七）「全国二万人ｗｅｂアンケート調査に基づく方言・共通語意識の最新動向」『語文』一五八、日本大学国文学会
田中ゆかり（二〇一八）「「方言コスプレ」と「ヴァーチャル方言」――用語・概念・課題」『方言の研究』4、日本方言研究会
田中ゆかり（二〇二〇）「映像メディアにおける方言活用」半沢康・新井小枝子編『実践方言学講座　第一巻　社会の活性化と方言』くろしお出版
田中ゆかり（二〇二一）「方言とポップカルチャー――「方言萌えマンガ」から探る両者の関係」『日本語学』40（1）、明治書院
田中ゆかり・前田忠彦（二〇一二）「話者分類に基づく地域類型化の試み――全国方言意識調査データを用いた潜在ク

ラス分析による検討」『国立国語研究所論集』三、国立国語研究所
田中ゆかり・前田忠彦（二〇一三）「方言と共通語に対する意識からみた話者の類型――地域の分類と年代による違い」相澤正夫編『現代日本語の動態研究』おうふう
田中ゆかり・林直樹・前田忠彦・相澤正夫（二〇一六）「一万人調査からみた最新の方言・共通語意識――「二〇一五年全国方言意識Ｗｅｂ調査」の報告」『国立国語研究所論集』一一、国立国語研究所
田中ゆかり・金水敏・児玉竜一編著（二〇一八）『時代劇・歴史ドラマは台詞で決まる！――世界観を形づくる「ヴァーチャル時代語」』笠間書院
田原広史（一九九七）「Ｖ　生活の中のことば」郡史郎編『日本のことばシリーズ27　大阪府のことば』明治書院
東川怜奈（二〇一五）「Twitter に現れるヴァーチャル方言――強調表現に注目して」『語文』一五三、日本大学国文学会
中井幸比古編（一九九七）『日本のことばシリーズ26　京都府のことば』明治書院
長谷川町蔵・大和田俊之（二〇一一）『文化系のためのヒップホップ入門』アルテスパブリッシング
長谷川町蔵・大和田俊之（二〇一八）『文化系のためのヒップホップ入門　2』アルテスパブリッシング
林直樹（二〇一八）「方言スタンプからみる方言コンテンツの全国分布」『語文』一六〇、日本大学国文学会
半沢康・新井小枝子編（二〇二〇）『実践方言学講座1　社会の活性化と方言』くろしお出版
日高水穂（二〇二〇）「キャラデザインにおける方言活用」半沢康・新井小枝子編『実践方言学講座　第一巻　社会の活性化と方言』くろしお出版
村上裕美（二〇一九）『ゆるキャラのネーミングと Twitter 分析』（日本大学文理学部国文学科、平成三〇年度卒業論文）
山形県生涯学習文化財団編（二〇二〇）『遊学館ブックス　どっこい方言は生きている』公益財団法人山形県生涯学習文化財団
山木戸浩子（二〇一八）「日本語の文学作品における言語変種の英語翻訳――村上春樹（著）『海辺のカフカ』ナカタさんの話し言葉から考える」『通訳翻訳研究への招待』一九、日本通訳翻訳学会

吉村和真（二〇〇七）「マンガと表現」吉村和真・田中聡・表智之『差別と向き合うマンガたち』臨川書店

依田恵美（二〇〇二）「西洋らしさを担う役割語――「おお、ロミオ！」の文型から」『語文』七九、大阪大学国語国文学会

依田恵美（二〇〇七）「〈西洋人語〉「おお、ロミオ！」の文型――その確立と普及」金水敏編『役割語研究の地平』くろしお出版

依田恵美（二〇一一）「役割語としての片言日本語――西洋人キャラクタを中心に」金水敏編『役割語研究の展開』くろしお出版

リアルサウンド編集部編（二〇一六）『私たちが熱狂した90年代ジャパニーズヒップホップ』辰巳出版

林原純生（二〇〇三）「解説『汗血千里の駒』」『新日本古典文学大系　明治編一六　政治小説集一』岩波書店

Kerswill, Paul (2014) "The objectification of 'Jafaican': the discoursal embedding of Multicultural London English in the British media" Jannis Androutsopoulos (ed.) *Mediatization and Sociolinguistic Change*, Berlin:Walter de Gruyter.

付録

方言コンテンツ・方言キャラ年表

本表は、本書で取り上げた「方言コンテンツ・方言キャラ」が登場した年（西暦・年号）と当時の世相を表す事項を年表形式で示すものです。「政治・社会・文化」欄には、歴史的な事件・事項に、大衆的なコンテンツとの関わりや、コミュニケーションのありようや言語意識に影響を与える媒体の変化という観点を盛り込みました。併せて、世相を映すもののひとつとして、一九八四年以降は同年に創始された「『現代用語の基礎知識』選 ユーキャン新語・流行語大賞」（https://www.jiyu.co.jp/singo/）の「金賞」（〜一九九〇年）または「年間大賞」（一九九一年以降）の授賞語を示しています。なお、「政治・社会・文化」欄の作成に際しては、主として以下のものを参照しました。

・『日本史総合年表 第三版』（吉川弘文館、二〇一九）
・『日本語大事典』（朝倉書店、二〇一四）

「方言コンテンツ・方言キャラ」欄では、方言キャラは主人公か否か、方言一貫キャラか否かについて示し、コンテンツ内の「方言」ならびに当該キャラが登場するコンテンツ情報を付しました。

例：◆**坊っちゃん**〈◎★江戸弁〉：小説『坊つちやん』（夏目漱石）

【凡例】
●＝方言コンテンツ
◆＝方言キャラ、◎＝主人公／○＝非主人公、★＝一貫キャラ／☆＝コード切り替えキャラ

【略称】
朝ドラ＝NHK連続テレビ小説、大河＝NHK大河ドラマ

西暦	年号	政治・社会・文化	方言コンテンツ・方言キャラ
一八六八	明治元	明治維新	
一八七二	明治5	学制公布 新橋横浜間に鉄道開通	
一八七七	明治10	西南戦争	
一八八五	明治18	内閣制度ができる。	
一八八八	明治21	磐梯山噴火	
一八八九	明治22	大日本帝国憲法の公布	
一八九四	明治27	日清戦争	
一八九六	明治29	明治三陸大津波	
一八九七	明治30	赤痢全国的に大流行	
一九〇三	明治36	日本初の映画常設館誕生	
一九〇四	明治37	日露戦争	
一九〇六	明治39		**◆坊っちゃん〈◎★江戸弁〉**：小説『坊っちゃん』（夏目漱石）
一九一二	明治45 大正元	七月三〇日、大正と改元	
一九一四	大正3	宝塚少女歌劇第一回公演 第一次世界大戦が始まり、日本も参戦	
一九二三	大正12	少女マンガ雑誌の元祖『少女倶楽部』創刊 関東大震災	
一九二五	大正14	東京放送局（現在のNHK［日本放送協会］）、日本で初めてのラジオ放送開始	

一九二六	大正15 昭和元	一二月二五日、昭和と改元 円本ブーム起こる。	
一九二九	昭和4	世界恐慌始まる。	
一九三一	昭和6	国産初の本格的なトーキー『マダムと女房』（五所平之助監督）公開 満州事変 東北・北海道大飢饉	
一九三三	昭和8	昭和三陸地震津波 日本の国際連盟脱退	
一九三四	昭和9	室戸台風 プロ野球チーム大日本東京野球倶楽部（現在の読売ジャイアンツ）発足	
一九三六	昭和11	二・二六事件	
一九三七	昭和12	日中戦争開戦	◆**槌ツァ〈○☆ニセ関西弁〉**、**九郎治ツァン〈○☆ニセ東京弁〉**：小説「「槌ツァ」と「九郎治ツァン」は喧嘩して私は用語について煩悶すること」（井伏鱒二）
一九三九	昭和14	NHKが日本初のテレビ公開実験を実施 第二次世界大戦開始	
一九四一	昭和16	太平洋戦争開戦	◆**勝海舟〈◎☆江戸弁〉**、**西郷隆盛〈○★薩摩弁〉**、**坂本龍馬〈○★土佐弁〉**：小説『勝海舟』（子母澤寛）
一九四三	昭和18	鳥取大地震 学徒出陣始まる。	◆**蒔岡四姉妹**（鶴子・幸子・雪子・妙子）**〈◎★大阪・船場ことば〉**：小説『細雪』（谷崎潤一郎） ◆**富島松五郎〈◎★福岡弁〉**：映画『無法松の一生』（岩下俊作原作、稲垣浩監督、伊丹万作脚本）

一九四四	昭和19	東海地方大地震（東南海地震）・大津波	
一九四五	昭和20	三河地震 東京大空襲。広島・長崎に原爆投下 ポツダム宣言受諾、無条件降伏	
一九四六	昭和21	『週刊子供マンガ新聞』創刊 日本国憲法公付 昭和南海地震	
一九四八	昭和23	福井大地震 『月刊子供マンガ』創刊	
一九四九	昭和24	プロ野球二リーグに分裂	
一九五〇	昭和25	朝鮮動乱	
一九五一	昭和26	民間ラジオ放送開始 サンフランシスコ講和条約・日米安全保障条約に調印	
一九五二	昭和27	NHK、ラジオ国際放送を再開	
一九五三	昭和28	NHKが日本初のテレビ本放送を東京地区で開始 奄美群島の日本復帰	
一九五四	昭和29	NHKの大阪、名古屋両局、テレビの本放送を開始	
一九五五	昭和30	東京通信工業（現在のソニー）、初のトランジスタラジオ（携帯型）発売	

一九五六	昭和31	カラーテレビ実験放送開始 週刊誌創刊ブーム起こる。 「太陽族」ブーム起こる。	
一九五七	昭和32	諫早大水害	◆**高杉晋作**〈◎★**長州弁**〉、**伊藤春輔**〈○☆**長州弁**〉、**大和弥八郎**〈○★**長州弁**〉、**志道聞多**〈○★**長州弁**〉：映画『幕末太陽傳』（川島雄三監督、田中啓一・川島雄三・今村昌平脚本）
一九五八	昭和33	日本初の長編アニメ映画『白蛇伝』公開 狩野川台風	
一九五九	昭和34	少年マンガ雑誌『週刊少年マガジン』『週刊少年サンデー』創刊 伊勢湾台風	
一九六〇	昭和35	日米安保条約調印、安保反対デモ起こる。 ＮＨＫ・日本テレビ・ラジオ東京（現在のＴＢＳ）・朝日放送テレビ・読売テレビ、カラーテレビ本放送開始	
一九六一	昭和36	朝ドラ第一作『娘と私』放送	
一九六二	昭和37	少女マンガ雑誌『少女フレンド』創刊	◆**坂本竜馬**〈◎☆**土佐弁**〉：小説『竜馬がゆく』（司馬遼太郎）
一九六三	昭和38	通信衛星リレー一号による日米衛星伝送実験開始。実験中にジョン・Ｆ・ケネディ米国大統領の暗殺事件が報道される。 日本初の連続テレビアニメ『鉄腕	

		アトム』（手塚治虫）放送開始 大河ドラマ第一作『花の生涯』放送 少女マンガ雑誌『マーガレット』創刊	
一九六四	昭和39	東京オリンピック（世界最初のテレビオリンピック）開催	
一九六五	昭和40	いざなぎ景気始まる。	
一九六六	昭和41	ザ・ビートルズ来日	◆**左門豊作〈○★熊本弁〉**：マンガ『巨人の星』（梶原一騎原作、川崎のぼる作画）
一九六七	昭和42	グループサウンズブーム起こる。	◆**風大左衛門〈◎★青森弁〉**：マンガ『いなかっぺ大将』（川崎のぼる） ◆**節子〈○★兵庫弁〉**：小説『火垂るの墓』（野坂昭如）
一九六八	昭和43	全国的な大学紛争始まる。 川端康成、ノーベル文学賞受賞	◆**坂本竜馬〈◎★土佐弁〉**：大河『竜馬がゆく』（司馬遼太郎原作、水木洋子脚本）＊大河ドラマ初の方言主人公。
一九六九	昭和44	東大安田講堂事件 アポロ一一号、人類初の月面着陸に成功	◆**車寅次郎〈◎★江戸弁？〉**：映画『男はつらいよ』シリーズ（山田洋次原作・監督［一部作品除く］）
一九七〇	昭和45	よど号ハイジャック事件 大阪で日本万国博覧会（大阪万博）開催	◆**原田正子〈○★静岡弁〉**：テレビドラマ『細うで繁盛記』（花登筐原作［『銭の花』］・脚本）
		三島由紀夫割腹自殺	
一九七一	昭和46	NHK総合テレビが全番組カラー化	◆**大山昇太〈◎★ごちゃまぜ九州弁〉**：マンガ『男おいどん』（松本零士）
一九七二	昭和47	あさま山荘事件 沖縄返還 日中国交正常化	◆**岩鬼正美〈○★ニセ関西弁〉**：マンガ『ドカベン』（水島新司）

一九七三	昭和48	第一次オイルショック	◆中岡ゲン〈◎★広島弁〉：[マンガ]『はだしのゲン』（中沢啓治） ◆広能昌三〈◎★広島弁〉：[映画]『仁義なき戦い』（飯干晃一原作、深作欣二監督、笠原和夫脚本）
一九七四	昭和49	ユリ・ゲラーの来日により、超能力ブームが巻き起こる。 小野田寛郎元陸軍少尉、フィリピンのルバング島から帰還	◆勝海舟〈◎★江戸弁〉、坂本竜馬〈○★土佐弁〉：[大河]『勝海舟』（子母澤寛原作、倉本聰・中沢昭二脚本）
一九七五	昭和50	沖縄国際海洋博覧会	
一九七六	昭和51	ロッキード事件、田中角栄総理逮捕	●[朝ドラ]『雲のじゅうたん』（田向正健脚本）放送。＊テレビドラマ初の「方言指導」の試験導入。 ◆郷六平〈◎★博多弁〉：[マンガ]『博多っ子純情』（長谷川法世）
一九七七	昭和52	ダッカ日航機ハイジャック事件 カラオケ、テレビゲーム流行	◆坂本竜馬〈○★土佐弁〉、西郷隆盛〈○★薩摩弁〉：[大河]『花神』（司馬遼太郎原作、大野靖子脚本）
一九七八	昭和53	新東京国際空港（現在の成田国際空港）開港 日中平和友好条約調印	◆竹本チエ〈◎★大阪弁〉、竹本テツ〈○★大阪弁〉：[マンガ]『じゃりン子チエ』（はるき悦巳） ◆ラム〈○★宮城弁〉：[マンガ]『うる星やつら』（高橋留美子） ◆ねね〈○★尾張弁〉：[大河]『黄金の日日』（城山三郎原作、市川森一・長坂秀佳脚本）
一九七九	昭和54	第二次オイルショック インベーダーゲーム流行	◆大山良太〈◎★小倉弁〉：[マンガ]『まんだら屋の良太』（畑中純）
一九八〇	昭和55	新宿西口バス放火事件 ルービックキューブ流行	◆平沼銑次〈◎★会津弁〉、苅谷嘉顕〈◎★薩摩弁〉：[大河]『獅子の時代』（山田太一脚本）＊「方言指導」が大河ドラマのオープニングクレジットロールに登場。 ◆ニコチャン大王〈○☆ニセ名古屋弁〉：[マンガ]『Dr. スランプ』（鳥山明）
一九八一	昭和56	中国残留孤児が初来日 北炭夕張新鉱でガス突出事故	◆黒板五郎〈◎★北海道弁〉、純〈○★北海道弁〉、蛍〈○★北海道弁〉：[テレビドラマ]『北の国から』（倉本聰原作・脚本）

一九八二	昭和57	東北新幹線と上越新幹線開業 CDプレーヤー発売	◆**鬼龍院花子**〈◎★**土佐弁**〉：[映画]『鬼龍院花子の生涯』（宮尾登美子原作、五社英雄監督、高田宏治脚本）
一九八三	昭和58	東京ディズニーランド開園 三宅島大噴火	◆**田倉**（**谷村**）**しん**〈◎★**山形弁**〉、**谷村ふじ**〈○★**山形弁**〉：[朝ドラ]『おしん』（橋田壽賀子原作・脚本）＊オープニングクレジットロールに「方言指導」が明示される。
一九八四	昭和59	「新語・流行語大賞」創始 〔第1回新語・流行語〕金賞・新語部門「オシンドローム」、流行語部門「㊎（まるきん）、(ビ)（まるび）」	●[レコード] 吉幾三「俺ら東京さ行ぐだ」（吉幾三作詞・作曲）リリース。＊日本語方言ラップの元祖。
一九八五	昭和60	筑波で国際科学技術博覧会開催 〔第2回新語・流行語〕金賞・新語部門「分衆」、流行語部門「イッキ！ イッキ！」	◆**麻宮サキ**〈◎★**土佐弁**〉：[テレビドラマ]『スケバン刑事Ⅱ 少女鉄仮面伝説』（和田慎二原作、土屋斗紀雄・橋本以蔵脚本）
一九八六	昭和61	男女雇用機会均等法施行 〔第3回新語・流行語〕金賞・新語部門「究極」、流行語部門「新人類」	◆**坂本竜馬**〈◎★**土佐弁**〉：[マンガ]『お～い！ 竜馬』（武田鉄矢原作、小山ゆう作画） ◆**織田信長**〈◎☆**尾張弁**〉：[小説]『下天は夢か』（津本陽）
一九八七	昭和62	国鉄が民営化、JRとなる。 〔第4回新語・流行語〕金賞・新語部門「マルサ」、流行語部門「懲りない○○」	
一九八八	昭和63	青函トンネル開業、瀬戸大橋開通 〔第5回新語・流行語〕金賞・新語部門「ペレストロイカ」、流行語部門「今宵はここまでに（いた	

		しとうござりまする）」	
一九八九	昭和64 平成元	一月八日、平成と改元 消費税（三％）の導入 天安門事件 〔第6回新語・流行語〕金賞・新語部門「セクシャル・ハラスメント」、流行語部門「オバタリアン／オバタリアン旋風」	
一九九〇	平成2	大阪で国際花と緑の博覧会開催 東西ドイツの統一 秋山豊寛が日本人初の宇宙飛行 〔第7回新語・流行語〕金賞・新語部門「ファジィ」、流行語部門「ちびまる子ちゃん（現象）」	◆**西郷隆盛〈◎★薩摩弁〉**、**坂本竜馬〈○★土佐弁〉**、**勝海舟〈○★江戸弁〉**：大河『翔ぶが如く』（司馬遼太郎原作、小山内美江子脚本）＊大河ドラマに初の方言ナレーションが入る。
一九九一	平成3	バブル経済の崩壊 雲仙普賢岳で大火砕流発生 湾岸戦争勃発 ソビエト連邦崩壊 〔第8回新語・流行語〕年間大賞「…じゃあ～りませんか」	◆**トライくん〈大阪弁〉**：ご当地キャラ 大阪府東大阪市のマスコットキャラクター
一九九二	平成4	ボスニア・ヘルツェゴビナ紛争始まる。 東京佐川急便事件 日本人初のスペースシャトル搭乗者・毛利衛が宇宙飛行 〔第9回新語・流行語〕年間大賞	◆**萬田銀次郎〈◎★大阪弁〉**：マンガ『難波金融伝・ミナミの帝王』（天王寺大原作、郷力也作画）

		「きんさん・ぎんさん」	
一九九三	平成5	サッカー「Jリーグ」開幕 欧州連合（EU）発足 〔第10回新語・流行語〕年間大賞「Jリーグ」	
一九九四	平成6	松本サリン事件 日本人女性初の宇宙飛行士・向井千秋が宇宙飛行 北海道東北沖地震 大江健三郎、ノーベル文学賞受賞 EAST END×YURIのCD「DA.YO.NE」発売、ミリオンセラー達成 〔第11回新語・流行語〕年間大賞「すったもんだがありました」「イチロー（効果）」「同情するならカネをくれ」	◆**服部平次〈〇★大阪弁〉**：マンガ『名探偵コナン』（青山剛昌）
一九九五	平成7	阪神・淡路大震災 オウム真理教徒による地下鉄サリン事件 〔第12回新語・流行語〕年間大賞「無党派」「NOMO」「がんばろうKOBE」	●CD「DA.YO.NE」の方言バージョン、「SO.YA.NA」（大阪弁版）／「DA.BE.SA」（北海道弁版）／「DA.CHA.NE」（東北弁［仙台］版）／「DA.GA.NE」（名古屋弁版）／「HO.JA.NE」（広島弁版）／「SO.TA.I」（博多弁版）リリース。
一九九六	平成8	携帯電話、PHSが普及し始める。 〔第13回新語・流行語〕年間大賞	◆**ケルベロス**（ケロちゃん）**〈〇★大阪弁〉**：マンガ『カードキャプターさくら』（CLAMP）

		「自分で自分をほめたい」「友愛／排除の論理」「メークドラマ」	
一九九七	平成9	神戸連続児童殺傷事件 山一証券と北海道拓殖銀行が相次いで経営破綻 〔第14回新語・流行語〕年間大賞「失楽園（する）」	● ミュージカル 『ライオンキング』米国ニューヨーク初演。＊ティモンとプンバァはブルックリン方言キャラ。 ◆室井慎次〈○★秋田弁〉： テレビドラマ 『踊る大捜査線』（君塚良一脚本）
一九九八	平成10	長野オリンピック開催 サッカー日本代表、W杯初出場 〔第15回新語・流行語〕年間大賞「ハマの大魔神」「凡人・軍人・変人」「だっちゅーの」	◆ティモン〈○★江戸弁〉： ミュージカル 『ライオンキング』（劇団四季東京公演）＊プンバァは女言葉。
一九九九	平成11	欧州連合単一通貨ユーロ誕生 NTTドコモの「iモード」が大ヒット 〔第16回新語・流行語〕年間大賞「雑草魂」「ブッチホン」「リベンジ」	● CD 米国ミズーリ州セントルイス出身のラッパーのネリー、デビューシングル「Country Grammar」をリリース。同名アルバムのリリースは翌二〇〇〇年。＊地元の方言で歌う。 ◆春日歩〈○★大阪弁〉： マンガ 『あずまんが大王』（あずまきよひこ） ◆ティモン〈○★河内弁〉、プンバァ〈○★京都弁〉： ミュージカル 『ライオンキング』（劇団四季大阪公演） ◆メルギューくん〈富山弁〉： ご当地キャラ 富山県小矢部市シンボルキャラクター
二〇〇〇	平成12	鳥取県西部地震 〔第17回新語・流行語〕年間大賞「おっはー」「IT革命」	◆坂本龍馬〈○★土佐弁〉： マンガ 『JIN－仁－』（村上もとか、テレビドラマ化『JIN－仁－』二〇〇九／二〇一一） ◆吉村貫一郎〈◎★岩手弁〉： 小説 『壬生義士伝』（浅田次郎）
二〇〇一	平成13	附属池田小事件 米国同時多発テロ 〔第18回新語・流行語〕年間大賞	◆ティモン〈○★福岡弁〉、プンバァ〈○★福岡弁〉： ミュージカル 『ライオンキング』（劇団四季福岡公演） ◆上村（古波蔵）恵里〈◎★沖縄方言〉、古波蔵ハナ（おばぁ）〈○★沖縄方言〉：

		「米百俵／聖域なき改革／恐れず怯まず捉われず／骨太の方針／ワイドショー内閣／改革の「痛み」」	朝ドラ『ちゅらさん』（岡田惠和脚本） ◆**まめなくん〈島根弁〉**：ご当地キャラ 島根県健康長寿しまねマスコットキャラクター
二〇〇二	平成14	公立学校週五日制実施 サッカーW杯日韓共催 日朝首脳初会談 北朝鮮から拉致被害者五人帰国 〔第19回新語・流行語〕年間大賞「タマちゃん」「W杯（中津江村）」	
二〇〇三	平成15	米軍、イラクに侵攻 〔第20回新語・流行語〕年間大賞「毒まんじゅう」「なんでだろう〜」「マニフェスト」	◆**ティモン〈○★名古屋弁〉**、**プンバァ〈○★名古屋弁〉**：ミュージカル『ライオンキング』（劇団四季名古屋公演） ◆**橘桔平〈○★熊本弁〉**：ミュージカル『テニスの王子様 Remarkable 1st Match 不動峰』（許斐剛原作 マンガ『テニスの王子様』『新テニスの王子様』） ●CD TOKONA-X「知らざあ言って聞かせやSHOW」リリース。＊名古屋弁ラップ
二〇〇四	平成16	自衛隊のイラク派遣 韓流ブームが起こる。 〔第21回新語・流行語〕年間大賞「チョー気持ちいい」	◆**坂本龍馬〈○★土佐弁〉**、**西郷隆盛〈○★薩摩弁〉**、**勝海舟〈○★江戸弁〉**：大河『新選組！』（三谷幸喜脚本）
二〇〇五	平成17	福岡県西方沖地震 二〇〇五年日本国際博覧会（愛知万博）開催 ＪＲ福知山線脱線事故 〔第22回新語・流行語〕年間大賞「小泉劇場」「想定内（外）」	◆**おね〈○★尾張弁〉**：マンガ『へうげもの』（山田芳裕） ◆**忍足侑士〈○★関西弁〉**：ミュージカル『テニスの王子様 The Imperial Match 氷帝学園』（許斐剛原作 マンガ『テニスの王子様』『新テニスの王子様』）
二〇〇六	平成18	地上デジタル放送の「ワンセグ」開始 全国高等学校野球選手権大会の決	◆**坂本竜馬〈◎★土佐弁〉**、**西郷隆盛〈○★薩摩弁〉**、**勝海舟〈○★江戸弁〉**：宝塚 宙組公演『維新回天・竜馬伝！―硬派・坂本竜馬Ⅲ―』（石田昌也作・演出）

		勝戦が引き分け再試合に。「ハンカチ王子」が話題に。 〔第23回新語・流行語〕年間大賞 「イナバウアー」「品格」	◆**仁王雅治〈○★広島と高知のごちゃまぜ弁〉**：[ミュージカル]『テニスの王子様 Absolute King 立海 feat. 六角 ～First Service』（許斐剛原作 [マンガ]『テニスの王子様』『新テニスの王子様』） ◆**ちっちゃいおっさん〈関西弁〉**：[ご当地キャラ] 兵庫県尼崎市の非公認ご当地キャラクター
二〇〇七	平成19	参院選で自民党が歴史的大敗 日本郵政公社民営化 〔第24回新語・流行語〕年間大賞 「（宮崎を）どげんかせんといかん」「ハニカミ王子」	●[バラエティ]『カミングアウトバラエティ!! 秘密のケンミンSHOW』放送開始（二〇二〇年より『ディスカバリーエンターテインメント 秘密のケンミンSHOW 極』と改題）。 ◆**木手永四郎／甲斐裕次郎／平古場凛／知念寛／田仁志慧〈○★沖縄方言〉**：[ミュージカル]『テニスの王子様 The Progressive Match 比嘉 feat. 立海』（許斐剛原作 [マンガ]『テニスの王子様』『新テニスの王子様』）
二〇〇八	平成20	秋葉原通り魔事件 リーマンショック 〔第25回新語・流行語〕年間大賞 「アラフォー」「グ～！」	●リアルな「ヴァーチャル方言キャラ」ミッチーチェン、タレント活動開始。＊山形弁キャラ ◆**綿谷新〈○★福井弁〉**：[マンガ]『ちはやふる』（末次由紀） ◆**西郷隆盛〈○★薩摩弁〉**、**坂本龍馬〈○★土佐弁〉**：[大河]『篤姫』（宮尾登美子原作、田渕久美子脚本） ◆**白石蔵ノ介／金色小春／一氏ユウジ／忍足謙也／石田銀／財前光／遠山金太郎〈○★大阪弁〉**、**千歳千里〈○★熊本弁〉**：[ミュージカル]『テニスの王子様 The Treasure Match 四天宝寺 feat. 氷帝』（許斐剛原作 [マンガ]『テニスの王子様』）
二〇〇九	平成21	裁判員制度の運用開始 衆院選で民主党圧勝、政権交代 〔第26回新語・流行語〕年間大賞 「政権交代」	●[CD] stillichimiya「D.N.I（だっちもねぇこんいっちょし）」リリース。＊甲斐弁ラップ ◆**アンドレ〈◎☆名古屋と博多のごちゃまぜ弁〉**、**マリーズ〈○☆名古屋と博多のごちゃまぜ弁〉**：[宝塚] 花組公演『外伝ベルサイユのばら―アンドレ編―』（池田理代子原作 [マンガ]『ベルサイユのばら外伝』、池田理代子外伝原案、植田紳爾脚本・演出）

			◆**アンドレ〈◎☆名古屋と土佐のごちゃまぜ弁〉**、**マリーズ〈◎☆名古屋と土佐のごちゃまぜ弁〉**：[宝塚] 宙組公演『外伝ベルサイユのばら―アンドレ編―』（池田理代子原作 [マンガ]『ベルサイユのばら外伝』、池田理代子外伝原案、植田紳爾脚本・演出） ◆**バリィさん〈今治弁〉**：[ご当地キャラ] 愛媛県今治市をイメージしたPRマスコットキャラクター
二〇一〇	平成22	尖閣諸島沖の中国漁船衝突事件 〈第27回新語・流行語〉年間大賞「ゲゲゲの〜」	●[バラエティー番組]『方言彼女。』放送開始。 ◆**坂本龍馬〈◎★土佐弁〉**、**西郷隆盛〈○★薩摩弁〉**、**勝海舟〈○★江戸弁〉** [大河]『龍馬伝』（福田靖脚本、大友啓史演出） ◆**くまモン〈熊本弁〉**：[ご当地キャラ] 熊本県PRマスコットキャラクター ◆**いくべぇ〈津軽弁〉**：[ご当地キャラ] 青森県のマスコットキャラクター
二〇一一	平成23	東日本大震災 サッカー日本女子代表「なでしこジャパン」W杯初優勝 『ゆるキャラ®グランプリ』開催。熊本県PRキャラクターくまモンがグランプリ獲得。 〈第28回新語・流行語〉年間大賞「なでしこジャパン」	◆**ティモン〈○★北海道弁〉**、**プンバァ〈○★北海道弁〉**：[ミュージカル]『ライオンキング』（劇団四季札幌公演） ◆**おんすう ふらたろう〈出雲弁〉**：[ご当地キャラ] 島根県出雲市平田地区のご当地キャラ ◆**ちょるる〈山口弁〉**：[ご当地キャラ] 山口県PR本部長 ◆**こっぽりー〈柳川弁〉**：[ご当地キャラ] 福岡県柳川市のマスコットキャラクター ◆**ヌクインダー〈秋田弁〉**：[ご当地キャラ] 秋田県仙北市田沢湖高原のご当地キャラクター ◆**みきゃん〈伊予弁〉**：[ご当地キャラ] 愛媛県イメージアップキャラクター ◆**カツオにゃんこ〈土佐弁〉**：[ご当地キャラ] 高知県のご当地キャラ
二〇一二	平成24	東京スカイツリー開業 尖閣諸島国有化、中国で反日デモ・暴動起こる。 衆院選で民主党惨敗、再び自民党政権誕生	◆**ティモン〈○★関西弁〉**、**プンバァ〈○★関西弁〉**：[ミュージカル]『ライオンキング』（劇団四季大阪公演） ◆**坂本龍馬〈◎★土佐弁〉**、**勝麟太郎**（海舟）**〈○★江戸弁〉**：[宝塚] 雪組公演『JIN―仁―』（村上もとか原作、齋藤吉正脚本・演出） ◆**ゆとっと〈新潟弁〉**：[ご当地キャラ] 新潟県十日町市松之山のPRキャラクター

〔第29回新語・流行語〕年間大賞「ワイルドだろぉ」

◆**くらすけくん〈鳥取・倉吉弁〉**：ご当地キャラ 鳥取県倉吉市イメージキャラクター

◆**ゆっつらくん〈佐賀弁〉**：ご当地キャラ 佐賀県嬉野温泉公式キャラクター

◆**ばっぺん〈長崎弁〉**：ご当地キャラ 長崎県の長崎ペンギン水族館開館10周年を記念して作られたペンギン体操の応援キャラクター

二〇一三 平成25

淡路島地震

秋田・岩手豪雨

二〇二〇年夏季オリンピックの開催地が東京に決定

〔第30回新語・流行語〕年間大賞「今でしょ!」「お・も・て・な・し」「じぇじぇじぇ」「倍返し」

● CD BTS（防弾少年団）「八道江山」リリース。＊韓国語方言ラップ

● バラエティー番組『方言彼氏。』放送開始。

● マンガ『お前はまだグンマを知らない』（井田ヒロト）、ウェブコミック配信サイト『くらげバンチ』より配信開始。＊こじらせ系の「地元ディスり愛コンテンツ」

◆**天野アキ〈◎☆ニセ岩手弁〉**、**天野夏（夏ばっぱ）〈○★岩手弁〉**：朝ドラ『あまちゃん』（宮藤官九郎脚本）

◆**新島（山本）八重〈◎★会津弁〉**、**西郷隆盛〈○★薩摩弁〉**、**勝海舟〈○★江戸弁〉**：大河『八重の桜』（山本むつみ・吉澤智子・三浦有為子脚本）＊大河ドラマ初の方言ヒロイン。主要方言に複数人の「ことば指導」が付く。

◆**きてけろくん〈山形弁〉**：ご当地キャラ 山形県のマスコットキャラクター

◆**んだべぇ〈会津弁〉**：ご当地キャラ 福島県南会津町観光物産協会のキャラクター

◆**オッサくん〈市原弁〉**：ご当地キャラ 千葉県市原市のマスコットキャラクター

◆**なーしくん〈愛媛弁〉**：ご当地キャラ 愛媛県愛南町のご当地キャラクター

◆**チロべし〈北海道弁〉**：ご当地キャラ 北海道後志（しりべし）総合振興局キャラクター

◆**きぼっこちゃん〈福島弁〉**：ご当地キャラ 福島県土湯温泉のPRキャラクター

◆**ゴズラくん〈鳥取弁〉**：ご当地キャラ 鳥取県中海テレビ放送のマスコットキャラクター

◆**わっぜかくん〈鹿児島弁〉**：ご当地キャラ 鹿児島の南日本銀行のイメージキャラ

ラクター

二〇一四　平成26

ＡＫＢ48握手会傷害事件
集団的自衛権行使の憲法解釈変更を閣議で決定
広島大規模土砂災害
御嶽山噴火
〔第31回新語・流行語〕年間大賞「ダメよ～ダメダメ」「集団的自衛権」

◆**新居浜まちゅり〈伊予弁〉**：［ご当地キャラ］愛媛県新居浜市のＰＲキャラクター
◆**くるっぱ〈久留米弁〉**：［ご当地キャラ］福岡県久留米市のイメージキャラクター
●［バラエティー番組］「方言女子と喋ってみよう!!」（『ＴＯＫＩＯカケル』の人気コーナー）放送開始。
●［ＣＤ］朝倉さや「タッチ」リリース。＊アニメ主題歌山形弁バージョン
●［ＣＭ］ＡＫＢ48のアサヒ飲料『ワンダ　モーニングショット』「おはよう」編の放送開始。
◆**亀山政春**（マッサン）〈◎★**広島弁**〉：［朝ドラ］『マッサン』（羽原大介脚本）
◆**村岡**（**安東**）**花子**〈◎★**甲州弁**〉：［朝ドラ］『花子とアン』（村岡恵理原作・原案、中園ミホ脚本）
◆**コマさん〈○★岡山と山梨のごちゃまぜ弁〉**：［アニメ］『妖怪ウォッチ』（レベルファイブ原作、ウシロシンジ監督）
◆**奥ちゃん**〈◎★**筑豊弁**〉、**星ちゃん**〈◎★**筑豊弁**〉：［マンガ］『チクホー男子☆登校編』（美月うさぎ）
◆「**僕**」〈◎☆**ニセ東京弁**〉、**木樽**〈○☆**ニセ関西弁**〉：［小説］「女のいない男たち2　イエスタデイ」（村上春樹）
◆**ぶちまろ〈山口弁〉**：［ご当地キャラ］山口県山口市の山口商工会議所青年部公式キャラクター
◆**もったけ姫〈信州弁〉**：［ご当地キャラ］長野県駒ヶ根市・飯島町・中川村の３市町村にまたがる商店街ポイントカード「つれてってカード」のＰＲキャラクター
◆**がんばくん〈長崎弁〉**：［ご当地キャラ］長崎県の広報活動を担う「長崎がんばらんば隊」の隊長
◆**らんばちゃん〈長崎弁〉**：［ご当地キャラ］長崎県の広報活動を担う「長崎がんばらんば隊」の副隊長

二〇一五	平成27	関東・東北豪雨 ラグビー日本代表W杯で歴史的勝利 〔第32回新語・流行語〕年間大賞「爆買い」「トリプルスリー」	◆ひやわん〈三重弁〉：[ご当地キャラ] 三重県名張市のご当地キャラクター ●[CD] ミッチーチェン「帰郷〜これが俺の生きGATA〜」リリース。＊山形弁ラップ ●[マンガ]『このマンガがすごい！ comics 翔んで埼玉』（魔夜峰央、「翔んで埼玉」初出は一九八二）発売。＊こじらせ系の「地元ディスり愛コンテンツ」 ◆坂本龍馬〈○★土佐弁〉、西郷隆盛〈○★薩摩弁〉：[大河]『花燃ゆ』（大島里美・宮村優子・金子ありさ・小松江里子脚本） ◆秋山篤蔵〈◎★福井弁〉：[テレビドラマ]『天皇の料理番』（杉森久英原作、森下佳子脚本） ◆陸奥守吉行（坂本龍馬の佩刀）〈○★土佐弁〉：[ブラウザゲーム]『刀剣乱舞―ONLINE―』（ミュージカル化二〇一五、舞台化二〇一六） ◆ぼんちくん〈都城弁〉：[ご当地キャラ] 宮崎県都城市PRキャラクター兼PR部長 ◆こりん〈三河弁〉：[ご当地キャラ] 愛知県豊川市子育て支援キャラクター
二〇一六	平成28	熊本地震発生 「ポケモンGO」ブーム 〔第33回新語・流行語〕年間大賞「神ってる」	●[動画] ミッチーチェン「アガスケのススメ」配信開始。＊山形弁ラップ ◆寧〈○★尾張弁〉：[大河]『真田丸』（三谷幸喜脚本） ◆博多乃どん子〈◎★博多弁〉：[マンガ]『博多弁の女の子はかわいいと思いませんか？』（新島秋一） ◆桐野利秋（中村半次郎）〈◎★薩摩弁〉、西郷隆盛〈○★薩摩弁〉：[宝塚] 星組公演『桜華に舞え ―SAMURAI The FINAL―』（齋藤吉正作・演出） ◆山県有朋〈○★長州弁〉、桂小五郎〈○★長州弁〉：[宝塚] 雪組公演『るろうに剣心―明治剣客浪漫譚―』（和月伸宏原作、小池修一郎脚本・演出） ◆八十亀最中〈◎★名古屋弁〉、笹津やん菜〈○★三重弁〉：[マンガ]『八十亀ちゃんかんさつにっき』（安藤正基） ◆なんしょん？くん〈岡山弁〉：[ご当地キャラ] 岡山県なんしょん？あさくち実行委員会のキャラクター

西暦	和暦	出来事	方言
			◆ベコタン〈仙台弁〉：[ご当地キャラ] 宮城県仙台市・仙台をPRするために仙台商業高校の生徒が作成したキャラクター ◆ナシテ君〈新潟弁〉：[ご当地キャラ] NST新潟総合テレビのマスコットキャラクター ◆えやろ〈伊予弁〉：[ご当地キャラ] 愛媛県地産地消を応援するイベント会社のマスコットキャラクター
二〇一七	平成29	九州北部豪雨 〔第34回新語・流行語〕年間大賞「インスタ映え」「忖度」	◆高杉晋作〈◎★長州弁〉、鬼島又兵衛〈○★長州弁〉、久坂玄瑞〈○★長州弁〉、志道聞多〈○★長州弁〉：[宝塚]『幕末太陽傳』（原作：映画「幕末太陽傳」川島雄三監督、田中啓一・川島雄三・今村昌平脚本、小柳奈穂子脚本・演出）
二〇一八	平成30	西日本豪雨 全国で歴史的猛暑 〔第35回新語・流行語〕年間大賞「そだねー」	●[アニメ]『ポプテピピック』（原作[マンガ]大川ぶくぶ『ポプテピピック』二〇一四）放送開始。＊方言女子のメタ化 ◆西郷隆盛〈◎★薩摩弁〉、坂本龍馬〈○★土佐弁〉、勝海舟〈○★江戸弁〉、岩倉具視〈○★京都弁〉、一橋慶喜〈○☆江戸弁〉：[大河]『西郷どん』（林真理子原作、中園ミホ脚本） ◆日之丸［秋月］もみじ〈◎★広島弁（安芸弁）〉、瀬戸内ぴんご〈○☆備後弁〉：[マンガ]『広島妹 おどりゃー！ もみじちゃん!!』（つくしろ夕莉） ◆青山蒼〈◎★津軽弁〉、福原夢子〈◎☆博多弁〉、坂口大輝〈○☆大阪弁〉：[マンガ]『方言って素晴らしいっていう漫画』（にーづま。） ◆高橋栄〈◎☆北海道弁〉、佐藤弥生〈○★北海道弁〉：[マンガ]「【北海道】北の国から×2」（美川べるの）
二〇一九	平成31 令和元	五月一日、令和と改元 ラグビーW杯日本大会開幕 令和元年東日本台風（台風19号）による甚大な被害 〔第36回新語・流行語〕年間大賞「ONE TEAM」	●[動画] Chuning Candy「ダイナミック琉球」配信開始。＊沖縄方言ラップ ◆ティモン〈○★福岡弁〉、プンバァ〈○★福岡弁〉：[ミュージカル]『ライオンキング』（劇団四季福岡公演）

二〇二〇	令和2	新型コロナウイルス感染症の世界的大流行 二〇二〇年東京オリンピックがコロナの影響で一年延期 新型コロナウイルス感染症緊急事態宣言発令 「ゆるキャラ®グランプリ」第10回開催をもって、終了。最後のグランプリは岩手県陸前高田市のマスコットキャラクターの「たかたのゆめちゃん」。 〔第37回新語・流行語〕年間大賞「3密」	◆**喜屋武ひな**〈◎★**沖縄方言**〉、**比嘉夏菜**〈◎☆**沖縄方言**〉：[マンガ]『沖縄で好きになった子が方言すぎてツラすぎる』（空えぐみ）
二〇二一	令和3	新型コロナウイルス感染症緊急事態宣言を再発令 福島県沖地震 新型コロナウイルス感染症の三度目の緊急事態宣言発令 静岡県熱海市土砂災害 東京都に四度目の緊急事態宣言発令 東京二〇二〇オリンピック・パラリンピック開催 新型コロナウイルス感染症の「第五波」到来	●[広告] 山陰中央新報に掲出の「早く会いたいけん、今は帰らんでいいけんね。」（出雲版）／「早く会いたいけぇ、今は帰らんでいいけぇね。」（石見版）が新聞広告賞（広告主部門）を受賞。 ◆**渋沢栄一**〈◎★**武州ことば**〉：[大河]『青天を衝け』（大森美香脚本） ◆**楠木正儀**（まさのり）、**楠木正時**（まさとき）、**ジンベエ**〈○★**河内弁**〉：[宝塚]『桜嵐記』（上田久美子作・演出）

索　引

索引は、「人名・事項」「コンテンツ」「方言キャラ」の 3 部構成。すべて五十音順。

I. 人名・事項

ア　行

カ　行

サ　行

タ　行

ナ　行

ハ　行

マ　行

ヤ　行

ラ・ワ　行

II.　コンテンツ

ア　行

ナ　行

ハ　行

マ　行

ヤ　行

ラ・ワ　行

III.　方言キャラ

ア　行

カ　行

サ　行

タ　行

ナ　行

ハ　行

マ　行

ヤ　行

ラ・ワ　行

ン

《著者紹介》

田中 ゆかり（たなか ゆかり）

1964年生まれ。神奈川県厚木市生育。日本大学文理学部教授。早稲田大学第一文学部卒業後、読売新聞社に勤務（記者職）。その後、早稲田大学大学院文学研究科博士後期課程修了。博士（文学）。静岡県立大学専任講師などを経て、2006年度より現職。専門は日本語学（方言・社会言語学）。著書に、『首都圏における言語動態の研究』（笠間書院、2010）、『「方言コスプレ」の時代――ニセ関西弁から龍馬語まで』（岩波書店、2011、第22回高知出版学術賞受賞）、『日本のことばシリーズ14 神奈川県のことば』（編共著、明治書院、2015）、『方言萌え!? ヴァーチャル方言を読み解く』（岩波ジュニア新書、2016）などがある。

読《よ》み解《と》き！ 方言《ほうげん》キャラ

2021年11月30日 初版発行

著 者 **田中《たなか》 ゆかり**

発行者 吉田尚志

発行所 株式会社 研究社

〒102-8152 東京都千代田区富士見2-11-3
電話 営業（03）3288-7777㈹ 編集（03）3288-7711㈹
振替 00150-9-26710
https://www.kenkyusha.co.jp

KENKYUSHA
〈検印省略〉

印刷所 研究社印刷株式会社

装丁 金子泰明

本文イラスト 森田 伸

ISBN 978-4-327-38485-2 C0081
Printed in Japan

JASRAC 出 2108215-101
NexTone PB000051913号